世界一やさしい
コンサルティング
プロジェクトの説明書

株式会社ストラテジーテック・
コンサルティング

CROSSMEDIA PUBLISHING

はじめに

コンサルタントとは、前作『世界一やさしいコンサルタントの説明書』でもご説明したように、

①知らないことを教えてくれる
②できないことを代わりにやってくれる
③できることを代わりにやってくれる

という「人や企業」のことです。

そして、今回はコンサルタントの業務そのものである「コンサルティングプロジェクト」にフォーカスすることで、コンサルタントとは何者であるか？　をより深く知っていただけると思い、現役コンサルタントが長年にわたる業界経験から語りつくした本書を刊行するに至りました。

プロジェクトとは、プロジェクトマネジメント協会が制定しているＰＭＢＯＫ（第

5版）の定義では、「独自のプロダクト、サービス、所産を創造するために実施する有期性のある業務」とされています。「有期性のある業務」ですから、期限があり始まりと終わりが明確に決まっている業務を指します。つまり、会社の通常業務や、ルーティーンワークは「プロジェクト」とは呼びません。プロジェクトとは、特定の期限までに製品やサービスを開発するものです。

そしてプロジェクトには「成功」と「失敗」が常に付きまといます。

本来は夢と希望に満ち溢れた事業計画（プロジェクト計画）をもとに目論んだことが、うまくいったことと、うまくいかなかったこと、という2つの結果に分かれてしまうのです。

ではなぜプロジェクトは成功と失敗に分かれてしまうのか？

長年にわたり様々なプロジェクトを経験してきた僕らは、その分かれ目をつぶさに見てきましたし、携わってきた生き証人であるといえます。

成功とは失敗の裏返しであり、失敗とは成功の裏返しです。

もし今後あなたがプロジェクトを成功させたいと願うのでしたら、成功から学ぶこともあれば失敗から学ぶことも多くあります。

今回ご紹介させていただくプロジェクト事例は、僕らが最も得意とするストラテジー（戦略コンサルティング）やＤＸ（デジタルトランスフォーメーション）・業務・ＩＴがメインとなります。

大変おこがましい話ではありますが、僕らが得意とするストラテジー領域は、外資系戦略ファームの老舗である、マッキンゼーやボストン・コンサルティングと同じ領域です。

なぜ僕らが企業戦略やＤＸ領域のコンサルティング支援を行えるのか？　それは、クライアントの経営戦略立案を行うフェーズや考え方をよく知っているからであり、ＩＴやテクノロジーのプロフェッショナルでもある僕らは、経営戦略とテクノロジーをかけ合わせたＤＸをイメージできるからです。

特に戦略領域というのはコンサルファームの中でも支援できる企業は非常に少なく、ＤＸに至ってはまだ世の中に認知されたばかりの概念であるため、プロジェクト事例は非常に少なく、僕らのプロジェクト事例は世の中にとっても非常に貴重なナレッジになると思われます。

守秘義務がベースとなる業界であるために「コンサルティングプロジェクト」につ

いて語ることは至難の業ですが、僕らの持つ問題解決力や表現力を最大限に駆使し、まるで小説を読んでいるかのような臨場感や疑似体験をしてもらうべく、コンサルタントである執筆者たちは執筆活動に向き合いました。

あくまで守秘義務を前提としているため、クライアント名や登場人物は仮名となりますが、本書に散りばめられた成功と失敗の知見は、きっとあなたの今後の成功を約束するチケットになると確信しています。

これから出会う全ての仲間たちへ

株式会社ストラテジーテック・コンサルティング
代表取締役社長　三浦　大地

世界一やさしいコンサルティングプロジェクトの説明書　目次

第1章 DXコンサルティングプロジェクト事例

第2章 戦略コンサルティングプロジェクト事例

第3章 業務コンサルティングプロジェクト事例

第4章 ITコンサルティングプロジェクト事例

序章

コンサルティングプロジェクトにおいて知っておくべきこと

コンサルティングプロジェクトとは？

コンサルティングプロジェクトとは一言でいうと、「クライアントの価値を創造する」ことです。

これは本書で出てくる戦略プロジェクトやITプロジェクト、業務プロジェクトなど、プロジェクトの種類に関係なく全てに共通します。

この言葉は私が外資系コンサルティングファームに在籍していた時にマネージャーやシニアマネージャー、パートナーに耳にタコができるほど言われてきた言葉です。また会社のセミナーや研修などでもいつもこの言葉を聞いていました。

私が新人コンサルタントだった頃に出会ったシニアマネージャーは「どれだけ話が上手でも、どれだけ資料を作るのが上手でも、英語がネイティブレベルで話せても、これができなければうちの会社にいる価値はない」と言うほどでした。

当時の私は、「この人は何を言っているのだろう……？」と、理解できませんでした。

そもそもクライアントの価値って何だろう？　価値を創造するってどういうこと？　そもそも価値って何？　当時は色々と自問自答していたことを覚えています。

そもそも価値とは？

価値とは一体何なのか？　ヒトだったりモノだったりと人それぞれ価値を見出すものは違います。言いかえれば価値観は人によって異なるということです。それはクライアント＝企業にとっても異なるのです。

例えば日本の野球選手は数億円の年俸をもらっていますし、海外のサッカー選手は移籍金に数百億円、年俸も数十億円ももらっています。「すごいな」と思うのと同時に「一人の人間にそんなにお金かける意味あるの？」と思います。

しかし彼らにはそれだけお金をかける〝価値〟があるのです。

その選手が球団に来るだけで選手見たさに観客数が増え、ユニフォームが飛ぶように売れ、視聴率が跳ね上がります。最近では選手がSNSで商品などの告知や宣伝をしてくれますよね。ファンやフォロワーがそれを見て商品を買ってくれることで関連会社の売上が上がる、などというように球団にもたらす経済効果は計り知れません。だから「それだけのお金を出してでもその人が欲しい」となるのです。

我々コンサルタントもこれと一緒です。プロジェクトによってはお客様から毎月何百万円、何千万円、何億円もお金をいただいています。

お客様の中には「コンサルには毎月何百万も払っている。だったらそれに見合うだけの仕事をしろ！」「それだけもらっているんだからもっと働けよ！」と思っている方も正直いらっしゃるでしょう。

お客様視点で見ると「新規事業を立ち上げたい！」「売上をもっと増やしたい！」「人気商品を作りたい！」「そのためにコンサルを入れて色々やってもらっている」という考えがあります。

要するにお金という視点で我々を見ているのです。お金に価値を見出しているといってもよいです。そういう考え方を持つ代表的な人は、株主、投資会社や銀行などに勤務している人たちです。仕事柄もあってか、企業や会社の価値を株価や売上、今後の成長性などで判断しがちです。

しかしながら、果たして本当にお金だけが企業や会社の価値といえるのでしょうか？　私はお金だけで価値の有無を判断するのは間違っていると思っています。

株価や売上が高くなくてもその会社にしか作れないモノがあったり、その会社にしかない技術があったりする場合、その会社には大きな価値があると思います。

我々コンサルタントはお金と利用者や消費者、社会に与える影響などを総合的にそして客観的に考えてクライアントの価値を創造する必要があるのです。

〝想像〟ではなく〝創造〟

コンサルティングプロジェクトではクライアントの価値を〝創造〟しなければなりません。創造するためには先ほど述べたクライアントの価値を「お金」と「利用者や消費者」、「社会に与える影響」などを総合的かつ客観的に考える必要があります。特に客観的に考えるというところが重要です。

バイアス（偏見）がかかった考え、見方は絶対にしてはいけません。

たとえコンサルティングプロジェクトでなくても、コンサルタントはバイアスがかかった考え方は絶対にしてはいけないと思っています。あくまでコンサルタントはいついかなる場合でも第三者視点、公平な立場で考えなければいけません。

人はどうしてもバイアスがかかった考え方、見方をしてしまうものです。そうなるとどうしても自分たちにとって都合の良いほうに考えてしまい、誤った判断や世間とは異なる考えをしてしまいます。それらの判断や考え方を正しい方向に導くために、コンサルタントは客観的な視点で物事を見て考える必要があるのです。

そしてその考えを実現するためには何をしなければいけないのか？　なぜそれが必要なのか？　ということを考えなければいけません。

コンサルティングプロジェクトでは５Ｗ１Ｈ（What・Why・When・Where・Who・How）とＰＤＣＡ（Plan・Do・Check・Action）、これをひたすら繰り返します。もう嫌になるくらいやり続けます（途中リタイアする人が数多くいるのも事実です……）。

HowやActionは最後に考えて実行すればいいのですが、WhatとWhyやPlanは何度も何度も何度も考えます。これでいいのか？　これが正しいのか？　これでちゃんとできるのか？　何でこれやるんだっけ？　そもそもこのプロジェクトの目的って何だっけ？　私たちがやる意味あるんだっけ？　などをひたすら深堀りしていきます。この根本を突き詰めて考えないと後続のフェーズがぶれてしまい、プロジェクトがおかしな方向に進んでしまう可能性があるからです。

考えに考えた結果、進むべき方向とやることが決まったら価値を造っていきます。価値を造るためにはコンサルタントだけではできません。お客様や専門職などの様々な人たちを巻き込んで価値を造っていきます。

「これだけ考えたんだから計画通り問題なくうまくいくだろう」と最初はみんな思うのですが、その過程で「こんなはずじゃなかった！」「何でこんなことに……」など、色々とトラブルやうまくいかないことが起こるのもコンサルティングプロジェクトの醍醐味です。

コンサルティングプロジェクトで大切なこと

戦略や業務、ＩＴなど様々なコンサルティングプロジェクトが存在します。プロジェクトで何を重視し、何を大切にしていくかは、とても重要です。

これは私の個人的な意見になってしまいますが、どのプロジェクトでも共通して大切なことは１つ目は客観性、２つ目は主体性、３つ目はコミュニケーションです。

１つ目の客観性は、コンサルティングプロジェクトというよりコンサルタントにとって、とても大切だと思います。先ほども述べましたが、バイアスがかかった意見や主観的な考えで物事をとらえたり、進めたりしてはダメです。そのような考えをしてよいのは、お客様（クライアント）だけです。我々コンサルタントはあくまでも第三者の視点を忘れてはなりません。そのためには広い視野を持って俯瞰的に見て、聞いて、そして判断し、提案する必要があります。

例えば好きな子や気になる子がいると、どうしても他の子よりも可愛く見えてしまうことがよくあります。でもコンサルタントならばそんな時、一旦落ち着いて冷静になることが大切です。「よく見ると、客観的に見てみるとそんなに可愛くないな」とか、「あの子のほうが可愛いな」と思うことさえあります。

そのため私はプロジェクトでは一度冷静になり、客観的に考えることをいつも実践しています。そうすると見えてなかったことが見えてきたり、気づいたりすることなどが出てきます。

2つ目の主体性に関しては以前、外資系コンサルティングファームに在籍していた時にシニアマネージャーに「君はいつも主体的に動いている。それは非常にいいことでバリューが出ているよ！」と言われたことがあります。

「自主的に自分で動いて仕事できているということか〜」と思っていたのですが、気になって主体的・主体性という言葉を調べてみました。すると、自分の意志や判断に基づき、**責任を持って行動する**こととありました。一方、自主的や自主性は自分の判断で行動することです。これを知ってなるほどと思いました。よく部下に「何か言われたら俺の指示のもとやりましたと言っていい！　俺が責任を取るから！」と言って指示を与えたり、自分の判断に対して責任感を持ってやっていることが多々ありました。はっきり言うとみんな責任なんかとりたくないのです。政治家などは非常にいい例です。でも問題やトラブルがあった時、誰かが責任を取る必要があります。特に自分がやったことや自分が指示したこと、自分の判断には責任を取る必要があると思いますが、部下や自分より役職が低い子には責任を取らせることはできないと思っています。なぜならば自分が管理している立場にある以上、部下のミスは上司の指示や確認が甘かった、もしくは悪かったからだという思いがあるからです。自分の行動や判断で責任を持って行動するということは、コンサルティングプロジェクトにおいても非常に大切なことだと思います。

3つ目のコミュニケーションはコンサルティングプロジェクトに限らず仕事や日常生活でも大切なことです。「そんなの言われなくても当たり前！」「コミュニケーションが大切なんて普通じゃん」と思うかもしれませんが、これがみんなできていれば争いや戦争なんて起こりません(ちょっと言い過ぎかもしれませんが)。

コンサルティングプロジェクトにはいろんな人が関わってきます。コンサルタント視点で見るとまずお客様(クライアント)。お客様と言っても主管部門の部長やPM(プロジェクトマネージャー)、担当者、他部署の部長や担当者、そしてプロジェクトオーナーの役員など規模が大きくなればなるほどたくさんの人が関係者として存在します。さらに他社のコンサルタントや、お客様に製品を導入している企業や開発会社などもいて、プロジェクトに関わる人は非常に多いです。

それらの人たちが全員同じ考え、意見を持っていればいいですが、そんなことはありえません。

十人十色それぞれ考えや意見が異なりますし、利害関係や政治的な背景などが絡んでくるとなおのこと難しいです。

そういった人たちと一丸となってプロジェクトを成功させるためにはコミュニケーションが大切なのです。

コンサルティングプロジェクトでの大変さ、楽しさ

皆さんの中で、コンサルタントはどのようなイメージでしょうか？　ポジティブなイメージは「頭がいい」「かっこいい」「給料が高そう」、ネガティブなイメージは「激務」「偉そうに言うだけ」といったところでしょうか。

どちらもあながち間違ってはいません。専門知識や経験を持った人は非常に多いですし、給料も外資系コンサルティングファームなどは非常に高く、役職や能力にもよりますが年収１０００万円以上なんて普通です。

そしてコンサルティングプロジェクトは非常に過酷です。プロジェクトにもよると思いますが、お客様とのミーティングや提案資料作成、プロジェクト管理などやることが非常に多いからです。朝9時から18時までずっとミーティングをすることはざらですし、特に自分がファシリテートしたり、説明したりする場合、話し続ける必要が

あり、しかも話しながら考えなければならないので、とても疲れます。そしてやっとミーティングが終わったと思っても次の日のミーティング資料や報告資料などを作成する必要があるため、深夜まで仕事をすることも当たり前です（最近は残業に厳しかったりするので昔に比べれば軽減されていますが）。

また、コンサルティングプロジェクトに限らず、お客様や部下からの相談や質問などへの対応を優先することが多いため、自分の作業時間を確保しづらく、部下が帰った後にやっととりかかれるということも多々あります。

そして、お客様の目があります。先ほども述べましたが「あのコンサル会社には毎月何千万も払っている」「高い金払っているんだから、それだけの仕事しろ」「前にいたコンサルタントのほうが単価も安くてもっといい仕事してくれた」などと思うお客様もいらっしゃるでしょう。直接このようなことは言われないにしても、そういう風に見られることを意識しなければなりません。下手なことはできませんし、言動や振る舞いも常に注意する必要があります。サービス業全般に言えることかもしれませんが、コンサルティングプロジェクトではそういったお客様の目を気にして接していくのも大切で大変な仕事です。

ここまで、大変なことばかり語ってしまいましたが、楽しいことやいいこともあります。

普段接することのない業界や業種のことがわかったり、最新技術やＩＴの知見など最先端の取り組みを学べるなどの知識を吸収できることは非常に面白いです。

またプロジェクトにもよりますが私の場合、半年から1年程度でプロジェクトが変わることが多かったので色々な企業やお客様と接することができました。そういった点は非常に楽しいと思います。いろんな人と接したり、学ぶことが好きな人にはやりがいのある仕事です。

楽しさの他にも、達成感を味わえるのもコンサルティングプロジェクトの醍醐味だと思います。

毎日深夜まで働いて、土日も出社して、お客様や上司に怒られ、それでも何とかプロジェクトが終わった時の達成感は計り知れません。

そこでお客様に「君のおかげでプロジェクトが無事に終わったよ！ ありがとう」なんて言われたら心の中では号泣してしまいます。頑張ってよかったな、感謝されるってこんなに嬉しいんだなと思える仕事です。

第1章

DXコンサルティングプロジェクト事例

グローバル企業との競争に勝つために

近年、様々な業界でＤＸの必要性が叫ばれており、書店に行けばたくさんのＤＸをテーマとした書籍が売られています。読者の中にもＤＸという言葉を一度は耳にしたことがある方も多いのではないかと思います。その一方で「ＤＸとは何か」を正確に語れる人は少ないのではないでしょうか。

経済産業省が定めたＤＸの定義は「企業がビジネス環境の激しい変化に対応し、データとデジタル技術を活用して、顧客や社会のニーズを基に、製品やサービス、ビジネスモデルを変革するとともに、業務そのものや、組織、プロセス、企業文化・風土を変革し、競争上の優位性を確立すること」です。簡単に言えば、時代の変化に合わせデジタル技術を活用し、企業間の競争力を高めることです。

ではなぜこれほどまでにＤＸが注目を集めているのでしょうか。それは私たちが生きているこの時代が今まさにＩＴ革命の真っただ中だからです。ＩＴ革命によりインターネットで世界中が瞬時につながり、これまで日本国内だけで競争していた日本企業が、否応なしにグローバル企業との競争にさらされるようになりました。実際日本製の白物家電が世界No.１だったのは今は昔、現在はサムスンが白物家電の世界シェアNo.１です。

そしてグローバル企業との競争にさらされるからこそ、今まで以上に安く、早く、より良い製品を作り続けなければならないのです。そのため、どの業界においても旧来の伝統的な手法に立脚した方法ではなく、膨大なデータをもとに顧客分析を行い、製品・サービスをリリースしていく必要があります。そしてこの膨大な顧客データの分析に基づくサービス提供を最も実現している企業こそ、ＧＡＦＡと呼ばれる「Google」「Apple」「Facebook」「Amazon」の４つのアメリカのＩＴ企業です。

また安く、早く、より良い製品を作るためには、人依存の生産方法をＩＴにより自動化し、高品質かつ均一な品質を担保するとともに、自動化によって人件費の削減を行う必要があります。

私たちはＩＴ革命の真っただ中にいるからこそ、その変化に気づきにくいですが、５

年後、10年後に時代を振り返った時、18世紀半ばから19世紀にかけて起きた蒸気機関の開発や工場の機械化を主とする産業革命と同程度、いやそれ以上の変化が起こった時代だったと誰もが思う時代になるでしょう。そしてこのような時代だからこそ、DX化できるか否かが、その企業の5年後、10年後の生存確率やマーケットでの競争力を大きく左右するのです。

ここまででDX化の必要性は十分お伝えできたかと思います。そして各業界の多くの企業の経営者がDX化の必要性を自覚しています。その一方で実際にDX化ができている企業はほんの一握りであるのが現状だと思います。

それはなぜか。企業のDX化が初めての取り組みであるからこそ、各企業はどのようにDX化したらよいかわからないからです。またDX化は企業全体の大きな変革を伴うため、大企業であればあるほど経営者がトップダウンで強いリーダーシップを持って取り組まない限りDX化を推し進められません。

だからこそ私たちコンサルタントは企業のDX化実現のために、第三者機関として客観的に企業の経営状況や事業・サービスを分析し、DX化の戦略・方法を検討するのです。そしてDX化に向けて支援を行っていくのです。

Project Summary

●失敗事例
●クライアント業種：監査法人
●期間：3カ月
●PJ規模（人数）：10名（内、社内3名）
●内容：OCRを用いた経費精算業務のデジタル化を実現するための企画立案実施

圧倒的な成果主義。外資系コンサルティングファームのリアル

このプロジェクトは、私がコンサルティングファームに入社して初めてアサインさ

れたプロジェクトです。もともと私は「実力主義の会社で働きたい」「20代で圧倒的に成長したい」という、俗にいう「意識高い系」の学生でした。そのため、若手のうちから成長できる職種である、コンサルタントを志望しました。その中でも、成果より年功序列で昇進・昇給が決まっていることが多い日系企業ではなく、「出した成果」によって頑張った分だけ評価される外資系コンサルティングファームに入社しました。

外資系コンサルティングファームは昔から完全なる実力主義で、「アップオアアウト（Up or Out）」と言われる「成果を出せ、さもなくば去れ」という文化があります。近年は人手不足の情勢を受けてか、その傾向は少し弱まったものの、依然として実力主義の文化が根強く残っている会社であることは変わりません。例えば一般的な日本の会社で新入社員が会議に参加した場合「まだ新人で右も左もわからないのだから、とりあえず会議に参加して、徐々に仕事を知ってもらえればいい」と思われるかもしれません。一方、外資系のコンサルティングファームでは「たとえ新入社員だとしても、ただ会議に参加するだけで発言しないのならば、会議に参加する意味はない。新入社員だからこそそのゼロベースの発言が、プロジェクトとしての成果に大きく貢献する可能性もあるため、積極的に発言すべき。もし発言できないとしても、議事録を取るなど、何かしらチームに貢献し、成果を出すべき」と求められます。この背景には、コンサルタントはたとえ新入社員であろうが一度クライアントの前に立てば、全員「プロフェッショナル」として見られる、という理由があります。そのため、どのような場においてもプロフェッショナルとしての強い責任感とクライアントへ価値を提供することへの強いコミットが求められます。また実力主義だからこそ、年次ではなくプロフェッショナルとしての自覚・行動とクライアントに提供してきた価値に基づいて評価が行われます。そのため、たとえ20代だとしてもプロフェッショナルとしてのマインドを持ち圧倒的な成果を出したコンサルタントは若くしてマネージャーに昇進します。その一方で、なかなか成果が出せなかったり自分への甘えからプロフェッショナルとしての自覚が欠如しているコンサルタントは、30歳半ばを過ぎてもマネージャーに昇進できない場合もあります。ただ、このように新入社員だとしてもプロフェッショナルとしての自覚・責任感と成果を求められるからこそ、圧倒的に成長できるのも事実です。

プロジェクトの概要

このプロジェクトは大手監査法人A社の経理部がクライアントでした。プロジェクトの目的は経費精算システムの刷新および業務改革を目的としたものです。

昨今ITの飛躍的な進歩により例えばコンビニのレジの自動化や車の自動運転、製造現場における製造工程の機械化など、様々な業界でITを用いた業務改革が行われています。プロジェクトが始まった背景として、A社は経費精算業務をほぼ全て人手で行っていました。このA社は1000名規模の法人なのですが経理部は4名しかおらず、毎月の1000名分の経費申請をたった4人で処理しており、経費精算業務自体が煩雑かつ膨大な作業量を要する状況でした。

経費精算業務の流れとしては、例えば交通費の経費申請であれば、まずは毎月経費システムに今月利用した通勤交通費を入力します。その後、上長が申請内容を確認・承認し、申請者は承認済みの申請書を印刷します。その際、不正な申請を防ぐために、交通系ICカードの乗車履歴を駅で印刷し、その後乗車履歴を紙にのりで貼り付け、本社の所定の場所に提出する、というのが一連の流れになります。そのため申請者は毎月経費精算の度に駅で乗車履歴を印刷し、のりで紙に乗車履歴を貼り付ける作業が発生していました。また、社員の方の中には本社以外の場所で働かれている人もいて、その場合わざわざ経費精算のためだけに本社に行かなければなりません。

経費申請は全て紙で提出されるため、経理の方はたった4名なのに1000人分の経費申請内容を目視で確認し、申請内容と乗車履歴が一致していることを確かめていました。

これはあくまで通勤・交通費の申請だけの話です。交通費の申請の他にも、交際費や出張費の申請もあり、その他の申請も全て紙で行われていたため、経理部の方の毎月の経費申請業務に要する時間および労力はかなりのものでした。

そのため、ITを用いて現状の多量かつ煩雑な毎月の経費精算業務をいかに効率化させるか、を目的として本プロジェクトがスタートすることに。

プロジェクト期間は3カ月間でした。

プロジェクトのチーム体制としては、マネージャー、シニアコンサルタント、アナリスト（自分）の3人体制でした。

コンサル業界で新卒または第二新卒で入社した場合、アナリストからスタートし、次にコンサルタント、シニアコンサルタントを経てマネージャーに昇進していきます。また役職ごとに求められる役割が異なり、マネージャーはプロジェクト全体の品質管理およびスケジュール管理など、チーム全体のマネジメントが求められる一方で、アナリストは限られた範囲において上長にあたるマネージャーやシニアマネージャーの指示のもと成果を出すことが求められます。そのため、アナリストが、上長が目を見張るような成果を上げることはなかなか難しいのですが、今回のようにゼロベースで、あるべき経費精算の業務フローを、論理的に再構築する場合は、アナリストであれど十分チームに貢献できます。


実際コンサルティングファームでは、年次や役職に囚われることなく「チームとして最高の成果を出し、クライアントに最大限貢献する」という共通認識があるため、たとえ新卒で入社したばかりのアナリストの意見であったとしても、「良い意見」と判断された場合は、きちんと採用されます。

今回でいえば私が現状の経費精算業務における課題をもとに理想の経費精算業務の

業務フローを描き、それをたたき台としてチームで議論したのですが、たとえ新人の意見でも業務の改善案で採用されたものがいくつもありました。

プロジェクトはまず問題点を洗い出すところから始まる

このプロジェクトは以下の流れで進めました。

❶現状の経費精算業務フロー可視化、問題点洗い出し
❷理想の経費精算業務フロー策定
❸理想の経費精算業務フローを実現するための経費精算システムの選定

❶ 現状の経費精算業務フロー可視化、問題点洗い出し

まず最初に、そもそも現状の経費精算業務フローを明示した資料がなかったため、A社の経理の方にヒアリングを行い、各社員が毎月の経費申請を行うところから、申請内容が承認され支払処理に回されるまでの流れを可視化しました。

ちなみに業務フローとは、業務の作業の流れを表したものになります。その際、経費申請を行う社員の方と経理部の方の業務内容だけではなく、社員の上長も含め、経費精算業務に関わる全ての人の業務を可視化しました。そのことによって初めて経費精算業務の全量が可視化されました。そこで見えてきたのは、経費精算業務に関わる全ての人（社員・上長・経理）に業務における煩雑さや問題点があったことです。

経費精算業務を行う社員の方と経理部の方の業務の問題点は先に述べた通りですが、社員から申請される経費申請を上長が承認する際、1人の上長が何人もの経費申請を承認する構図となっており、上長のほとんどが通常業務で多忙のため、経費申請の内容をほぼ確認せずに承認を行っていました。そのため、1万円の交通費を誤って10万円と申請してしまった場合に、上長は気づかずに申請を承認してしまい、経理の方が

目視で申請内容の誤りを発見した、などということが発生していました。

❷ 理想の経費精算業務フロー策定

このステップでは、実際にシステムで実現できるかできないか、という制約は一旦度外視し、「経費申請業務を行う社員・上長・経理部の全員が、最も楽に効率的かつ精度高く経費精算業務を行える業務フロー」をチーム全員で議論し、検討しました。

このプロジェクトの理想の業務フローとしては、これまで手作業で行っていた業務を可能な限りシステム化することです。具体的には、交通費精算においてコーポレートカードやICカードを用いて乗車履歴のデータを経費精算システムに自動連携し、経費の申請者が都度駅に行って乗車履歴を印刷して紙にのりで貼り付ける作業を不要にします。そのことによって、経費申請者だけでなく、不正な経費申請が行われていないかを確認する経理部の方も目視での確認が不要となり、システムを使って申請内容が正しく行われているかを判定できるようになります。

交通費以外の申請においては、スマートフォンで領収書を撮影することで、書かれている文字をＡＩが認識してデータ化してくれる技術、ＯＣＲ（Optical Character Recognition/Reader）の活用を検討しました。そうすることで、領収書原本を提出しなくてよくなることを目指しました。

❸理想の経費精算業務フローを実現するための経費精算システムの選定

ここではこれまで検討してきた現状の業務フローにおける問題点と理想の業務フローをもとに、理想の業務フローを実現するためのツール調査・選定を行いました。

実施したこととしては、先ほど述べた理想の業務フローで求められる要件であるＯＣＲでの領収書の読み取りや乗車履歴をシステムに自動連携可能であることなどの要件を満たすシステムをインターネットで調査し、要件に合致しそうなシステムを扱っている会社を見つけます。見つかった場合、ＨＰに記載のない詳細な情報を確認するため、対面でのヒアリングを実施します。

ヒアリングを行った企業数としては、10〜20社程度だったと記憶しています。ヒアアリング結果をもとに最終的にどのシステムが最も要件に合致しているかだけでなく、費用面や今後の機能の拡張性なども考慮して、最終的にどのシステムを導入することがベストかの比較を行いました。マネージャーから「なぜそのように判断したのか」を徹底的に問われるので、比較を行う際は、比較を行う項目や良い・悪いの判断基準を徹底的に考え抜く必要があります。

コンサルタントに求められる成果

一般的にコンサルタントといえば、スマートに提言しているイメージがあるかもしれません。しかし実際にクライアントに提言するためには、膨大な調査と徹底的に「なぜ」を突き詰めて考え抜くことが求められます。

その背景として、私たちコンサルタントの価値とは何か、ということがあります。

私たちが相対するクライアントは、その業界で何年・何十年と働かれている課長さん・部長さんがほとんどです。そのため、業界知見という意味ではクライアントの方が圧倒的に豊富です。そんな状況下で私たちコンサルタントは**その業界のスペシャリストをうならせるだけの成果を出すことが求められています。**

その「求められる成果」とは何か、というと、「現状を整理し、論理的に再構成すること」と私は考えています。私の経験上、クライアントは現状の表面的な問題に囚われ、本質的な問題を正しく理解できていない場合が多いです。場合によってはクライアント自身が、何が問題かをわかっていない場合もあります。そのため、様々な策を実施したとしても、根本的な解決には至りません。

だからこそ私たちコンサルタントが、現状を分析するとともに根本的な課題を明確化し、そこに対するベストな策を提示することに付加価値があります。そのため今回のシステム選定では、同じチームのマネージャーから「なぜそのシステムがベストなのか」と何度も指摘を受けたことを覚えています。

クライアントが実行してくれない提言に価値はない

「❶現状の経費精算業務フロー可視化、問題点洗い出し」「❷理想の経費精算業務フロー策定」「❸理想の経費精算業務フローを実現するための経費精算システムの選定」を3カ月で実施し、最終的には1つのパワーポイントにまとめA社に説明を行いました。

ただ残念なことにA社との契約は経費精算業務の効率化のための「提言」まででありその後、私たちが提言した内容を具体的に実行していくフェーズの継続契約を得ることはできませんでした。確かに最終的にまとめた「提言」をA社に説明した際、提言内容に納得してくれていたように感じましたが、私としては本プロジェクトが「失敗」だった、と今振り返って思います。

なぜならあくまで私たちが行ったのは「提言」であり、実際にクライアントがその提言を実行してくれなければ、私たちの3カ月間の仕事や、クライアントがコンサルティングファームに支払った費用は全て無駄になるためです。

厳しいようですが、いくら時間をかけて提言を行ったとしても、クライアントが実施してくれなければコンサルティングファームの価値はゼロなのです。

このプロジェクトを通して、クライアントが実行できて初めてコンサルタントとして価値を見出せる、と学びました。それが一般的に高給取りと言われるコンサルティングファームで働くプロフェッショナルとしての責任なのです。

実際にこのプロジェクトにアサインされて、いかにコンサルタントとして求められるレベルが高いか、いかにプロ意識をもって仕事をすることを求められるか、を痛感させられました。

まとめ（失敗のポイント）

- いくら時間をかけて提言を行ったとしても、クライアントが実行してくれなければコンサルティングファームの価値はゼロ。クライアントが実行したいと心から思えない提言では、プロジェクトを成功に導くことはできない。
- 最終的な提言はクライアントのプロジェクトオーナーに行ったものの、実際に経費精算業務に困っていた現場を十分巻き込むことができておらず、「提言を実行する必要性」を十分クライアントにご理解いただくことができなかった。
- 提言内容を、実際に経費精算を行っている経理部の方に確認することを行っておらず、提言が「絵空事」になっていた可能性がある。

Project Summary

●成功事例
●クライアント業種：金融機関
●期間：約2年
●PJ規模（人数）：15名（内、社内4名）
●内容：RPAを用いたローン審査業務の効率化

プロジェクトの概要

皆さんはAIやRPAと聞いてどんなイメージを抱くでしょうか。「最先端のテクノロジー」「人工知能」「システムが自動で全てやってくれる」などのイメージを抱くでしょうか。またRPAをご存じの方であれば、「テクノロジーの力で業務効率化や生産性向上を実現する技術」とお答えになるかもしれません。

RPAとはRobotic Process Automationの略で、テクノロジーの力でこれまで人が行っていた業務を機械で代替することで、業務効率化を実現できる技術です。ただそこで皆さんに質問があります。

AIやRPAを実際に業務に活用するまでのステップや導入方法をご存じでしょうか？　AIやRPAは簡単に誰でもすぐに活用できるものなのでしょうか？　AIやRPAというのは「魔法のように」何でも私たちの日々の煩雑な業務を自動化してくれるのでしょうか？

私はこのプロジェクトを通してRPAの導入がいかに地道で泥臭く大変であるかを痛感させられました。そのお話を読者の皆さんにお伝えできればと思います。

私がRPA導入に携わったのは、とある金融機関のローンの審査業務において、審査業務のほぼ全てをRPAによって自動化することを目指したプロジェクトでした。このプロジェクトの体制としては、クライアントである金融機関B社、RPAの実装を行うシステム会社、そして現行業務をRPAする上での様々な検討を行う、私が所属しているコンサルティングファームの3社でプロジェクトを進めました。

プロジェクトの流れ

プロジェクトの期間は約2年間で、大きくは「①要件定義フェーズ」「②設計フェーズ」「③開発フェーズ」「④テストフェーズ」の4つに分かれます。

まず「①要件定義フェーズ」では、現行のローンの審査業務をどの様にRPAで自動化するか、を検討します。具体的には審査業務の中で誰のどの作業をRPAで自動化するのか、どのようにRPAで自動化するかを検討・決定します。

次に「②設計フェーズ」では、①で決定したRPA化する各業務について、人が行っている具体的な作業をどのようにRPA化するか、簡単に言えばRPAの設計図を作成するのがこのフェーズになります。

次に「③開発フェーズ」では②で作成した設計図をもとに実際にRPAを実装します。ここで初めてRPAの作成に着手します。

最後の「④テストフェーズ」では、③で作成したRPAが正しく動くかのテストを行います。

B社の審査業務における課題、問題点

実際に審査項目を記したPDFファイルは、10種類以上存在しており、1つのPDFファイルは何十ページにも及びます。全てのPDFを印刷したらタウンページくらいになるんじゃないかと感じたほどです。そのため審査業務を担当していたB社の担当者は連日深夜まで働き、土日出勤も当たり前になっているような状況であり、かなり疲弊していました。

それだけでも審査業務がいかに大変かがおわかりいただけるかと思いますが、さらに業務を大変にしていることがあります。それは、審査項目が毎年改定される点です。

そのため1年かけてやっと審査業務および審査項目を覚え、業務がスムーズにこなせるようになっても、また次の年には改定された箇所を覚えなおさなければならず、常にB社の審査担当者は激務な状況が続いていました。

この問題を解決するためには

このようなB社の状況下でプロジェクトがスタートしたため、②のRPAの設計にはかなりの時間を要しました。

RPAを設計するには、チェック項目をベースに実際の審査業務でどのようにチェック項目を確認しているかを詳細にB社にヒアリングする必要がありました。その際に各チェック項目を「はい・いいえ」で機械的にチェックするだけではなく、例えば1番目のチェック項目が「はい」の場合は、3番目のチェック項目に飛ぶ、など条件分岐が複数存在しており、それが数千個、数万個ありました。

それらを全てヒアリングするとともに、条件分岐を全てエクセルで書き表す必要がありました。最終的に完成したエクセルは数万行に及んだと記憶しています。

「RPAは人が行っている作業を簡単に自動化できる」と思っている方も多いかもしれませんが、これがRPAで業務を自動化する方法の実態です。何人もの大人が何カ月もかけて一つひとつの作業を言語化し、資料に起こし、初めてRPAの実装に着手することができるのです。

しかもまだこのエクセルを作成しただけではRPAを作成するための設計図ができたにすぎず、これからやっと「③開発フェーズ」のRPAの実装が開始されます。

③の実装はシステム会社の方が行っていましたが、②の設計と同じくエクセルに書き表された1行1行を基に少しずつRPAを作成していく必要があり、気の遠くなるような作業だったと思います。私たちコンサルティングファームとシステム会社は隣同士のテーブルに座っていたのですが、毎日B社のオフィスで22時過ぎまでシステム会社の方が作業していました。責任者の方は毎日目の下にクマを作りながらも一生懸命RPAを作成されていたことを覚えています。

また実装が終わった後の④のテストも一苦労で、一つひとつの機能が正しく動くことを確認するだけではなく、複数の機能を組み合わせて、動かしてみた時に正しく動くかどうかもテストする必要があります。

そして実際にユーザーが利用する際に想定される使い方のパターンを全て洗い出し、全てのパターンで正しく動くかのテストを行わなければなりません。そのため、トータルで何千・何万回ものテストを行う必要がありました。

RPA導入の効果

ここまでの話を読んでいただき、いかにAI、RPAなど最新テクノロジーの力で業務効率化を実現するまでの道のりが大変か、おわかりいただけたかと思います。ただそれ以上にテクノロジーの力によって生み出される業務効率化の威力が大きいのも事実です。

これまで何時間もかかってチェック項目と申請された書類を見比べていた業務が、RPA導入後はほぼ全て自動化されたのです。そのため、審査業務の作業時間が大幅に削減されただけでなくシステム化することで審査精度も格段に向上しました。

RPA完成後、B社の方々の喜ぶ顔を見た時は、「頑張ってよかった」と思え、コンサルタントとしてのやりがいを感じた瞬間でした。

今求められるコンサルタントとは

コンサルタントと聞くと社長や役員に対してスマートに経営戦略をプレゼンしているイメージが強いかもしれませんが、実際はここでご紹介したような地道で泥臭いプロジェクトが多いと思います。

これまで戦略に特化していたコンサルティングファームが業務改革などの領域のプロジェクトを行うようになってきた近年の傾向を見ると、実際に日本の多くの企業から求められているのは綺麗な戦略を描くコンサルタントではなく「一緒に辛酸をなめながらも共に歩んでくれるコンサルタント」なのではないかと思います。

また近年日本の少子高齢化や人口減少に伴う労働人口減少により、多くの経営者はコストカットおよび業務効率化を迫られています。

逆に業務効率化ができない会社は今後生き残っていくことが厳しい状況になってきています。そのためＡＩやこのプロジェクトでご紹介したＲＰＡだけではなく、様々なテクノロジーを用いて業務効率化を行いたいというニーズは高まっています。

今回の事例のように、業務効率化は地道で泥臭い作業が多いです。だからこそ、業務効率化で困っている経営者や部長さん、課長さんたちを救えるのは、スマートに経営戦略をプレゼンしているコンサルタントではなく、**一緒に地道に問題を解決してくれる**コンサルタントなのです。

まとめ（成功のポイント）

・ＲＰＡ導入プロジェクトでは、ＲＰＡ設計やテストが膨大な作業量になる。それでも地道に諦めずに全力でやり通すことが重要。
・クライアントは通常業務で多忙を極めているため、タスクの割付直しなど「プロジェクト全体としての最適な役割分担」を常に模索すること。
・泥臭い作業を地道にやりとげることによって、クライアントから求められるコンサルタントになることができる。

Project Summary

- 失敗からリカバリーして成功した事例
- クライアント業種：金融機関
- 期間：6カ月
- PJ規模（人数）：20名（内、社内4名）
- 内容：データ利活用のビジョン・施策・ロードマップ策定支援

プロジェクトの概要

今回、紹介する事例は、大手金融機関（リース会社）C社のDXの戦略策定支援のプロジェクトです。DXの一環として、新しく立ち上げたデータアナリティクスに関する組織からのご依頼でした。

C社の課題としては、グループ全体としてのデータアナリティクスに関するビジョンが定義されておらず、また、データアナリティクスに関するグループ間の情報連携や協業が限定的でした。

プロジェクトの目的は、グループ全体のデータ利活用を促進し、ビジネスを拡大することです。そのための拠り所であるビジョンを設定し、それをもとに施策を検討しロードマップを作成して、何をどのように実行するかを検討しました。

プロジェクトのアプローチ全体像

データアナリティクスに関する戦略策定のアプローチは大きく以下の5つのステップにて定義されます。

戦略策定のアプローチ

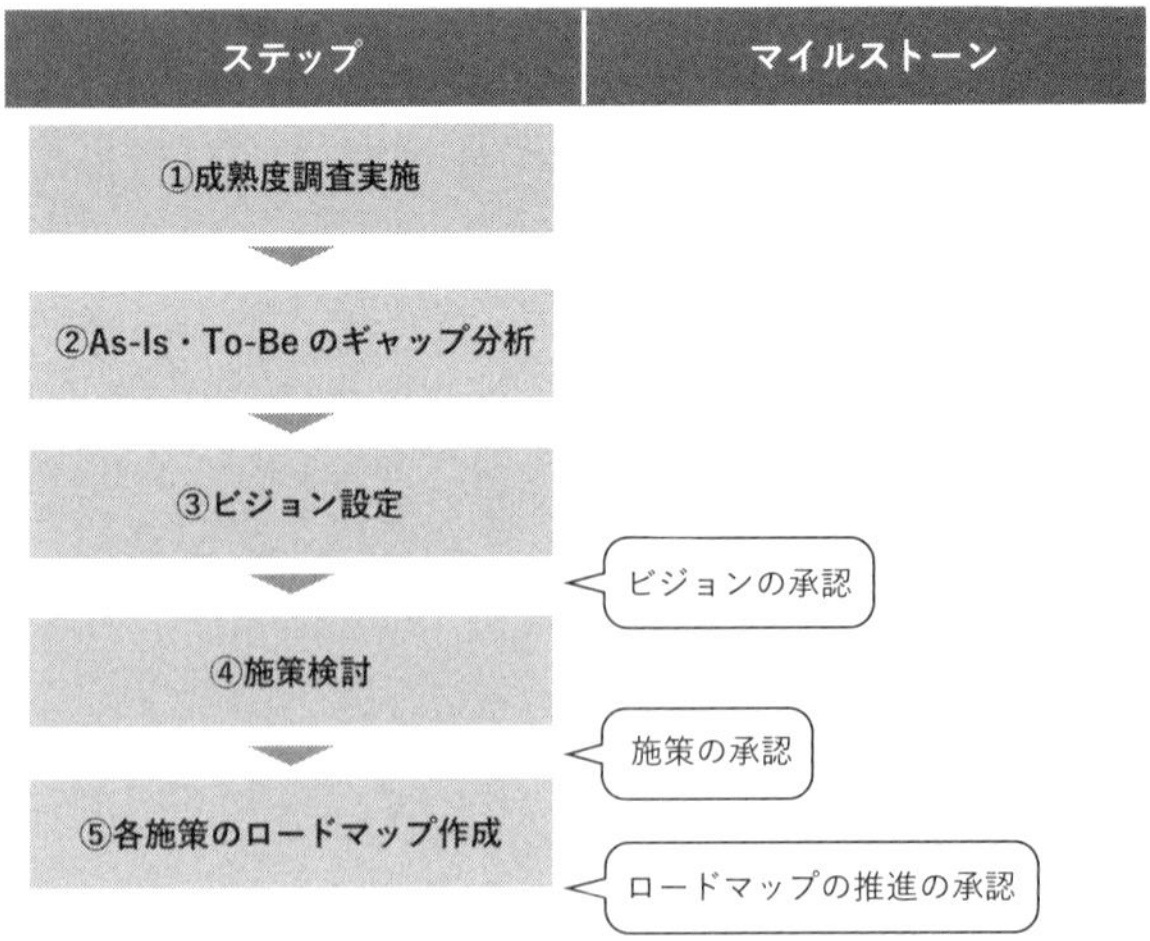

まずは①成熟度調査実施にて、データアナリティクスに関する企業の成熟度を測るフレームワークを準備し、ヒアリングの準備及び実施を行います。

次にヒアリング結果をもとに②As-Is・To-Beのギャップ分析として、ヒアリング結果を取りまとめし、ギャップ分析を実施、結果を整理します。

As-Is・To-Beのギャップ分析とは、データアナリティクス領域における、クライアント企業の現状の取り組みや課題（As-Is）と3年後に目指す姿（To-Be）について、インタビューを実施。As-IsとTo-Beの差が発生している領域について、具体的な差は何か、その要因などを分析することです。

③ビジョン設定では、ボトムアップのアプローチとして、成熟度調査の結果から施策の分類を検討、またトップダウンのアプローチとして、グループ戦略からビジョンを検討し、施策の分類とビジョンを紐づけるセッションにて、ビジョンを決定します。④施策検討では、As-IsとTo-Beのギャップ及び設定したビジョンをもとに、詳細な施策を洗い出し、優先順位付けを実施します。

施策の優先順位を踏まえて、⑤各施策のロードマップ作成にて、各施策を実行するために必要なタスクとタイムラインを整理し、各施策の実現性を検証後、施策ごとのＫＰＩを設定します。

次に各ステップの詳細（主にインプット、タスク、アウトプット）について、説明します。

①成熟度調査実施

最初のステップである成熟度調査実施では、３つのアプローチを実施します。

成熟度調査実施

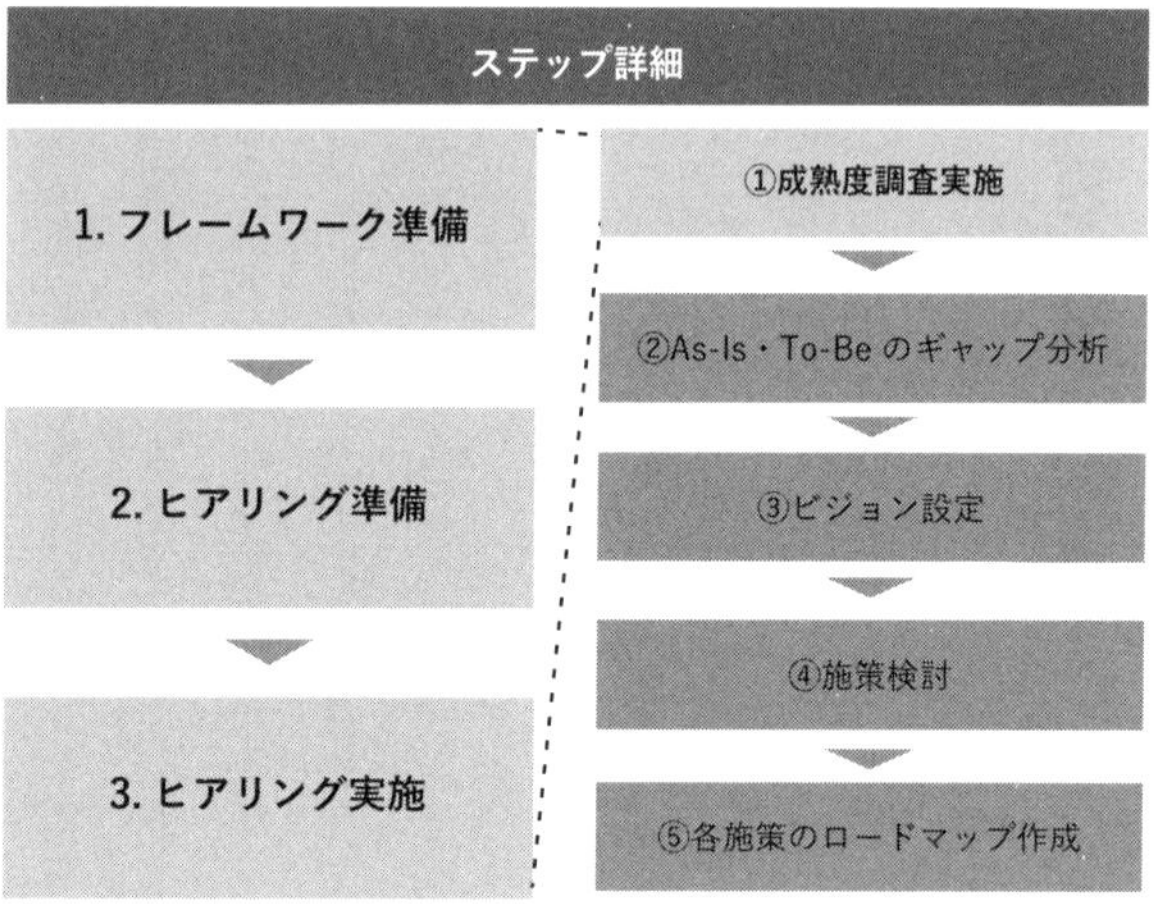

1. フレームワーク準備

ファームで保有するデータアナリティクスに関する成熟度調査の※フレームワーク（以下、フレームワークとします）と中期経営計画、事業計画をインプットします。フレームワークについては、グループの目指す方向性や重要施策、データアナリティクスのトレンドを踏まえて、評価項目を見直します。

※フレームワークでは以下の6領域について、複数の設問及び5段階での回答が存在

（1）データアナリティクスによる意思決定

(2)データ・情報
(3)テクノロジー・ITインフラ
(4)ガバナンス・組織
(5)カルチャー・人材
(6)プロセス

2．ヒアリング準備

インタビュー対象者の選定を行います。役員クラス、部長・課長クラス、スタッフといった役職や経営企画、営業、ＩＴなどの部門について、抜け漏れなく適切な対象を検討することが重要です。また、必要に応じて、フレームワークの設問項目の選定を行います。

3．ヒアリング実施

選定したインタビュー対象者に対して、データアナリティクスの様々な領域における現状と、目指す姿・将来の期待値をヒアリングし、ヒアリング内容を議事録にまとめます。

As-Is・To-Beのギャップ分析

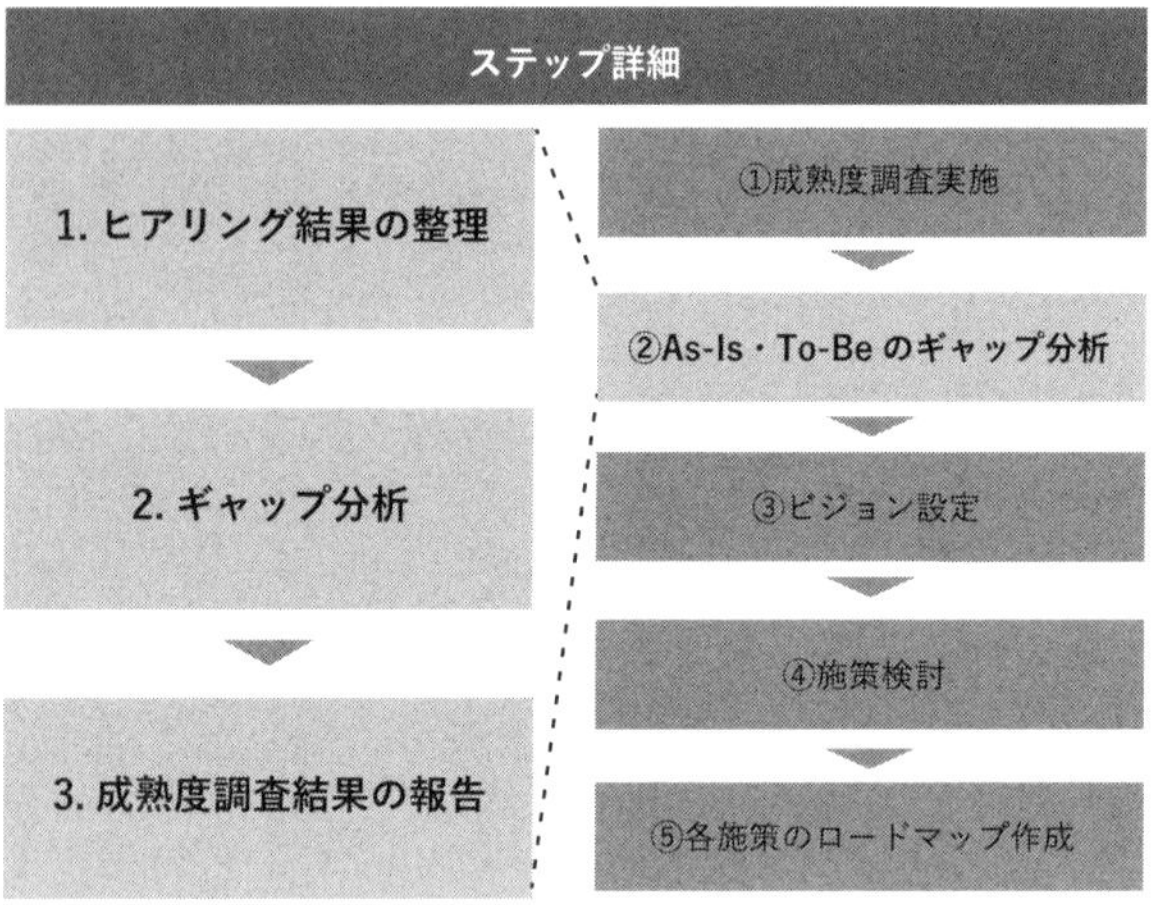

②As-Is・To-Beのギャップ分析

1. ヒアリング結果の整理

ヒアリングした内容をもとに、グループのデータアナリティクスに関する成熟度の現状と期待値のスコアと定性コメントをインタビュー対象者ごとに整理します。

整理したスコアについては、平均値・中央値・最小値・最大値を算出し、ヒアリング内容を踏まえた異常値など（他のインタビュー対象者と比較し、極端に成熟度が高いか・低いか、欠損など）について、確認します。

2．ギャップ分析

グループの現状と期待値のスコア（平均値・中央値・最小値・最大値）を比較し、ヒアリング内容を踏まえて、スコアリングの妥当性を検証します。また、成熟度の現状と期待値のスコアのギャップを特定する目的で、差異分析（Ｆｉｔ＆Ｇａｐ）を実施し、その結果をもとに、現状と期待値について成熟度調査報告書を作成します。

3．成熟度調査結果の報告

各ステークホルダーに対して、ギャップが大きい領域を中心に分析結果を報告し、フィードバックをいただきます。必要に応じて、追加でインタビューを実施し、報告資料を修正します。

③ビジョン設定

ビジョン設定では、成熟度調査の結果を起点としたボトムアップでの検討とグループの戦略を起点としたトップダウンでの検討と両面から検討を進めていきます。

ビジョン設定

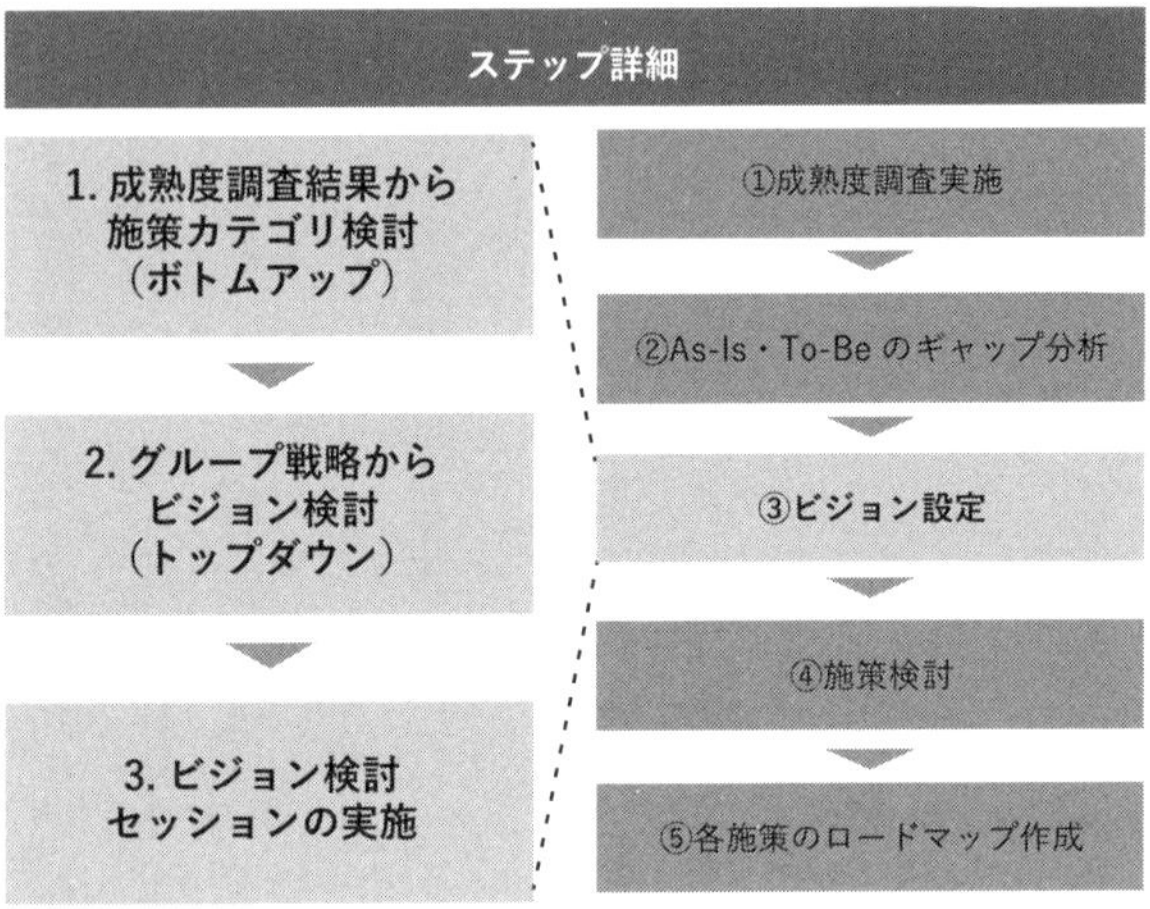

1．成熟度調査結果から施策カテゴリ検討（ボトムアップ）

成熟度調査結果を取りまとめた内容やギャップ分析資料、成熟度調査の結果報告に対するフィードバックを踏まえて、成熟度を向上させるべき領域を洗い出します。洗い出した領域をもとに施策をグルーピングし、カテゴリを整理します。

2．グループ戦略からビジョン検討（トップダウン）

グループの経営・事業戦略を記載している資料をもとにグループが目指す方向性や重点施策などを整理します。目指す方向性や重点施策などを達成するためにデータアナリティクスで何を実現すればよいのかを検討し、データアナリティクスのビジョンをブレストします。

3. ビジョン検討　セッションの実施

ブレストの結果を踏まえて、次の2つの観点でビジョンを検討・決定します。

（1）ビジョン案とグループ戦略との紐づけ（ビジョン案がグループ戦略の達成に寄与するのか）

（2）ビジョン案と施策のカテゴリ案の紐づけ（施策のカテゴリ案がビジョン案の実現に寄与するのか）

④施策検討

施策検討では、今までの調査・検討結果を踏まえて、具体的な施策を検討します。

施策検討

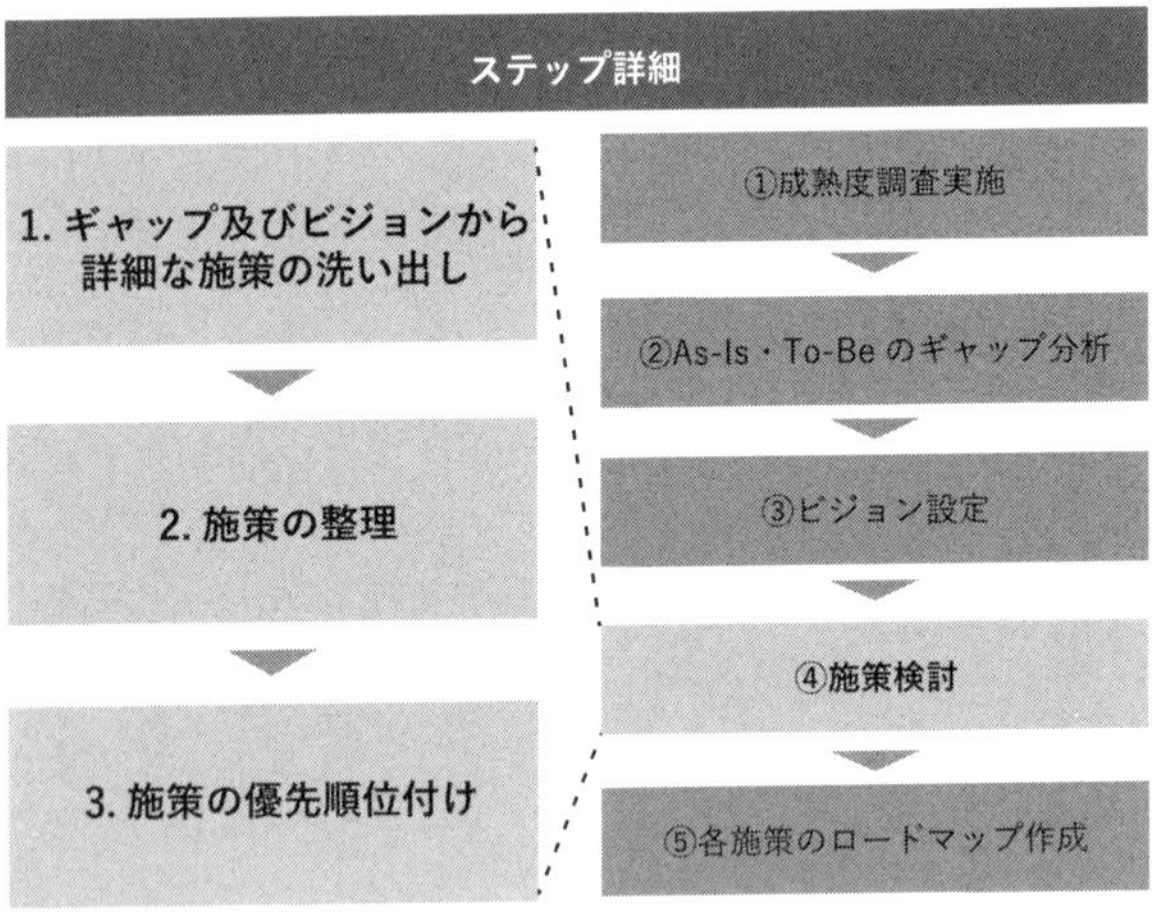

1．ギャップ及びビジョンから詳細な施策の洗い出し

成熟度調査の結果であるAs-IsとTo-Beのギャップを埋めるための施策を成熟度調査の回答のスコアをもとに検討します。その際に、個別の施策のうち、それに紐づいている成熟度調査結果のAs-IsとTo-Beのギャップが小さいものは除外します。その後、検討した施策案がビジョンを達成することに寄与するのか検討します。

2．施策の整理

成熟度調査の結果を踏まえて、課題が明確ではない個別の施策については、検討する対象から除外します。その後、施策カテゴリごとに施策を分類し、個別の施策をグルーピングし、施策間の依存関係や相関関係を整理します。

3. 施策の優先順位付け

施策間の依存・相関関係や部門として注力すべき領域を踏まえた上で、施策を実行する順序（同時・前後）を検討します。各施策の対象となる業務領域と対象部門のメンバーの役割を考慮して、施策を推進する担当者をアサインします。

⑤各施策のロードマップ作成

各施策のロードマップ作成では、いつ・何を実施するのか、実現性はあるのか、施策ごとのＫＰＩは何かということを検討します。

1. 各施策を実行するために必要なタスクとタイムラインの整理

成熟度調査の結果をもとに各施策の目指す姿（1年後・5年後）及び課題を明確にし

各施策のロードマップ作成

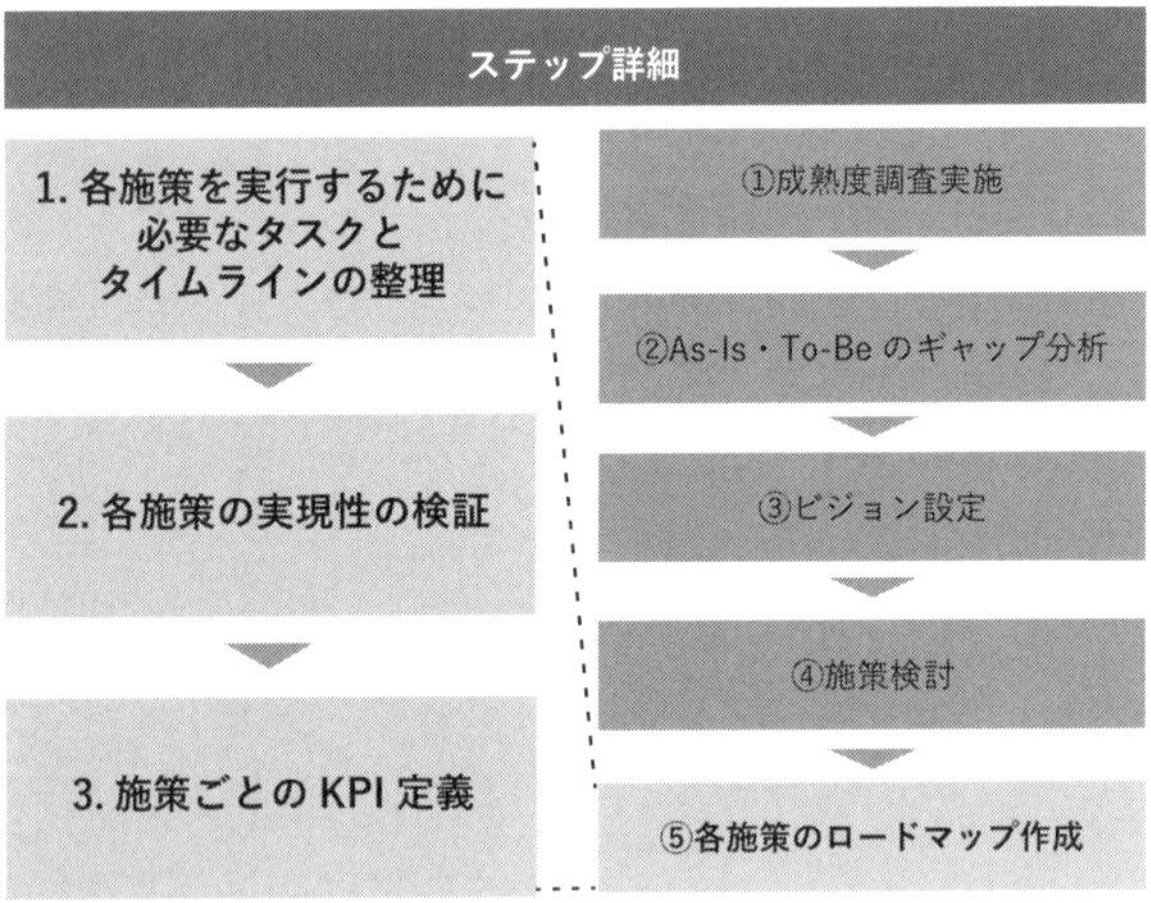

ます。施策実施のスケジュールをマイルストーン・アプローチ・成果物の観点で整理し、想定される効果・リスクを検討し、ロードマップを作成します。必要に応じて、各施策に対応する業務の分類・施策名・課題とその原因・施策概要・成果物・成果物単位のタスクとその担当者を記載した月次のWBSを作成します。

2. 各施策の実現性の検証

各施策についてロードマップとWBSを照らし合わせて成果物とタスクの過不足を確認します。スケジュールについては、リソースと作業負荷などを考慮して実現性を検討します。

3. 施策ごとのKPI定義

各施策について、1年後・5年後に目指す姿の達成とロードマップの成果物を完成させるために必要な要素を洗い出します。5年後に目指す姿を達成するために、それぞれの要素をいつまでにどの程度の基準まで達成する必要があるかを検討します。上記の要素のうち、現状と今後を定量的に測定可能なものをKPIとして設定します。

プロジェクトを成功へと導く方法

その1

このプロジェクトはDXコンサルティングプロジェクトの中でも、戦略プロジェクトに分類されますが、戦略プロジェクトではシステム開発のようにアプローチや成果物が明確ではない場合が多いです。

本プロジェクトの初期の段階では、どのようなプロセスで進めるのか、どのような成果物がアウトプットとしてでき上がるのかを曖昧にしたまま、推進してしまいました。その結果、C社からは不安を抱かれるかたちになり、プロジェクトのゴールが明確になっていない状態でした。

以上の状況を解消するために、今後のアプローチについて、何をどのような順番で検討するのかを示し、成果物については、アウトプットイメージや他のプロジェクト事例を提示することで、C社の不安を解消し、その後は円滑に進めることができました。

その2

本プロジェクトの成熟度調査の結果を踏まえて、施策を検討する際に、なぜその施策なのかという根拠を示せず、C社からの合意を得ることができず、プロジェクトが進まない状況でした。

以上の状況を解消するために、今までのヒアリング・議論内容の可視化やアウトプットの根拠（思考プロセスとファクト＝調査結果）の明示を行い、C社との認識合わせを丁寧に実施することで円滑にプロジェクトを推進することができました。

プロジェクトの結果とその後

最終的に本プロジェクトはC社から評価をいただき、検討したロードマップの実行支援を依頼されました。また、他グループ企業へのご支援として、アナリティクスIT基盤の構想策定や新規事業の検討支援のプロジェクトも追加で依頼されました。

また、ファームに対しては、アナリティクスのビジョン・ロードマップ策定プロジェクトに関するアプローチのナレッジトランスファーや他クライアントへ同様のスキームの提案といったかたちで貢献できました。

まとめ（失敗→成功のポイント）

・プロジェクトのゴールや成果物のアウトプットイメージが曖昧だとクライアント

は不安になる。そうなると炎上する危険があるので、ヒアリングなどを行いクライアントの不安の種は早めに摘むことが重要。

・クライアントから合意を得ないとプロジェクトは進まないので、提案内容の根拠を用意しておくこと。

第2章

戦略コンサルティングプロジェクト事例

変化が激しい世の中で戦略プロジェクトのレベルが高まっている

本章では、戦略プロジェクトについて、説明します。戦略プロジェクトでは、クライアントとなる企業の様々な経営課題の解決を行います。例えば経営戦略、事業戦略、マーケティング戦略、M&A戦略、新規事業の立案などの支援を実施します。また、クライアント企業から変革までのスピードや明確な成果を求められる中、中長期的な戦略立案だけではなく、現場でのアクションプランを策定し、そのプランの実行支援まで踏み込んでプロジェクトが行われるようになってきています。

具体的な事例として、「経営管理の高度化」「DLTを活用した新規事業の検討・事業計画策定」を取り上げていきます。

「経営管理の高度化」は、成功事例です。プロジェクトの目的は「時間をかけて過去情報を分析する経営」から「今起きていることをタイムリーに把握して手を打つ経営」へシフトさせることです。その実現のためにＩＴを活用する必要があり、本プロジェクトではその構想策定を行うフェーズについて説明します。

「ＤＬＴを活用した新規事業の検討・事業計画策定」は、失敗からリカバリーした事例です。具体的にどのような失敗だったのか、そして、どのようにリカバリーし、クライアントとのミーティングでは何をテーマとして進めていったのかということにフォーカスして説明します。


戦略プロジェクトは、ITプロジェクトと異なり、プロジェクトの初期段階では成果物やアプローチが明確に定義されていない、またはクライアントとの認識がズレていることも少なくありません。


そのため本書では、各事例について、どのようなアプローチでプロジェクトを推進したのかを可能な限り詳細に記載しました。

これら2つの事例はコンサルタントが主体となり、調査・分析をし、成果物を作成するという従来から存在するプロジェクトの形態です。

ぜひ2つの異なる戦略プロジェクトのそれぞれの違いや特徴、成功のポイントなどが、皆さんにとって有意義なものになり、将来のお役に立てば幸いです。

Project Summary

- 成功事例
- クライアント業種：製造・流通
- 期間：3カ月
- PJ規模（人数）：3名
- 内容：経営管理の高度化を目指す

プロジェクトの概要

このプロジェクトは、大手製造流通会社A社の経営管理の高度化を目指し、立ち上がったものです。「経営管理の高度化」を成功させるためには、物流・生産・営業など様々な部署を巻き込んでプロジェクトを進めなければなりません。今回の初期の局面では、各部署でどのようなプロジェクトを立ち上げていくかも含めて検討が必要でした。

初期の局面はプロジェクトのゴールへ向けてどのように進めていくかを検討し、それをふまえてその後に実施する具体的なプロジェクト内容が決定される重要な局面です。

プロジェクトの期間は3カ月でした。プロジェクトのゴールは、経営管理高度化を実現するために部署別にどのようなプロジェクトを立ち上げればよいか、どのような方向性でプロジェクトを進めていくか、A社の状況と意向を把握し方針を決定することです。

A社の状況は、国内食領域事業の生産・物流・経理へのSAP導入により、取引やトランザクションの明細情報がリアルタイムに収集可能な基盤を構築しているところでした。社内の多くの領域でSAPを導入しており、データを一元管理する上でもデータ連携が容易であるSAPの導入を促進していました。

従来のシステムとERPの比較

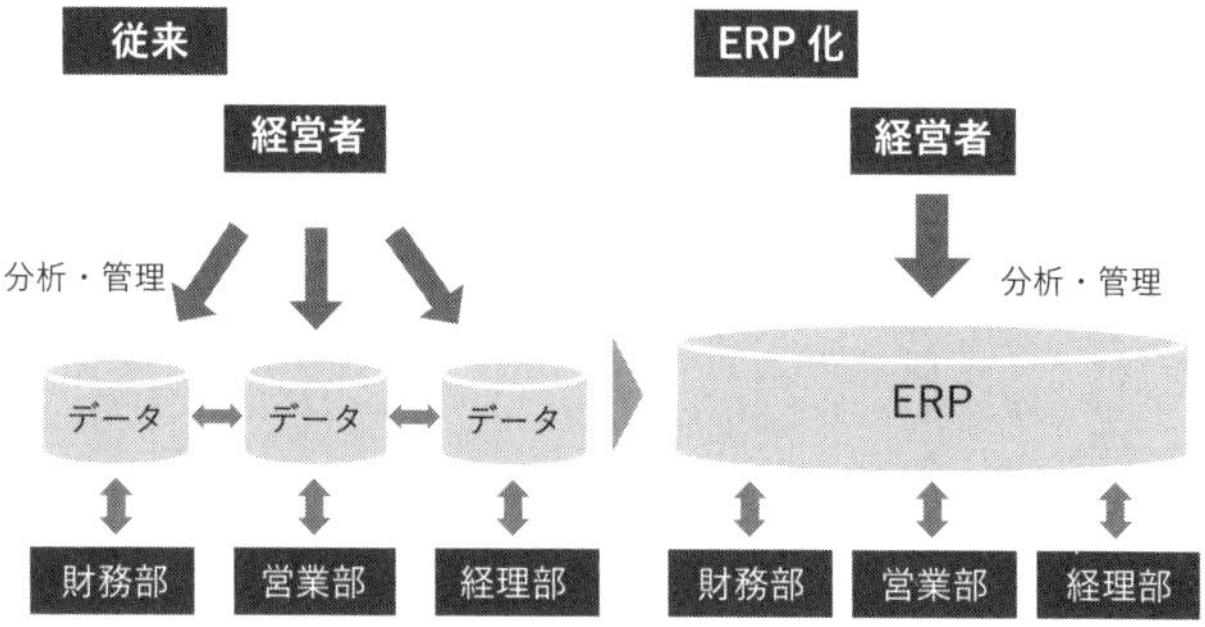

SAPとは、SAP社が開発するERPのことで、ERPとは、部門ごとに閉じたシステムではなく、会社全体の情報を一元化することが可能になる管理システムです。経営者は今まで、財務部のデータで売上収益や営業利益を、営業部のデータで営業部員の営業成績を、経理部のデータで経費を確認し……などと、様々なシステムを見に行かなければならなかったのが、ERPを導入しデータを一元化することによって、1つのシステムで全ての情報を確認することができるようになります。これは、データの重複などの無駄をなくし、情報把握などの作業効率化につながります。

したがってA社では、営業領域などSAP以外のシステムの再配置を進め、製品の原材料・部品の調達から、製造、在庫管理、配送、販売、消費までの一連の流れを表すサプライチェーンデータを連携させシミュレーションすることで、予測型経営へのシフトを目指すことにしました。

予測型経営とは？

予測型経営とはどういったものかというと、環境の変化に応じて組織の各部門が迅速に対応する組織をつくり上げることです。環境の変化が著しい現代。そこにはコロナウイルスのような自然環境に起因するものや、人間の趣味嗜好や流行などによる人為的なものなど様々な要因があります。例えば、小売業者のような環境変化による影響が大きい業種には、**フォワードコントロールと呼ばれる経営方法が非常に重要です。**

フォワードコントロールは、経営環境の変化が生じたときに、その変化を感じ取った組織が過去の実績にとらわれることなく目標達成に向けた行動へと変化させることです。

多くの日本企業で取り入れられているのはフィードバック経営であり、A社も例外ではありませんでした。フィードバック経営は予実管理型経営とも呼ばれるもので、計画値と実績値のギャップの原因を分析しそれをもとに改善策を検討します。これだと実績値から今後の数値の予測をするため、対応が遅れてしまいます。経営を取り巻く外部要因が著しい現在、事象が起こってからでは即時の対応が難しいので、この経営方法では後れを取ってしまいます。

そこでA社では予測型経営によって、「時間をかけて過去情報を分析する経営」から「今起きていることをタイムリーに把握して手を打つ経営」へシフトさせ、次のような効果を狙いました。

・将来起こり得ることを予測して、リスクの低減を図る
・今後、顕在化するであろう予測値と計画値のギャップに対して、早い段階での経営判断を可能にする

・外部要因を明確にすることで根拠をもった計画の施策を可能にする

予測型経営にシフトしていくためには、様々な段階的対応が必要です。それを具体的な内容に落とし込んでいくことが本プロジェクトの目的です。

予測型経営では何より迅速な対経営判断を行うことが重要です。そのためには、業務の見える化が不可欠です。もちろん、事象が起こってから即時の対応をするためにも重要なのですが、日常の業務を明確に経営陣が把握できているということは事業の発展や的確な判断のために必要不可欠なことです。業務が複雑になりすぎると無駄な報告や承認が多くなり、何か問題があった時に経営陣が把握して判断し、それを作業者が実行するまでにはかなりのタイムラグができてしまいます。リアルタイムでの情報把握の実現が必要で、それを改善するための業務改革が必要になります。

一方で、企業価値最大化では、SAP導入済の事業、及びERP導入を検討している事業とのデータの一元化や分析基盤統合を進め、さらには経営管理ルールや業務プロセスの集約、統合により、グループ全体としての経営効率の向上を目指しました。さらに、その後はグループガバナンスの強化、及びサプライチェーンプロセス変革に向

S&OPと工場IoT化を導入した後のそれぞれの業務イメージ

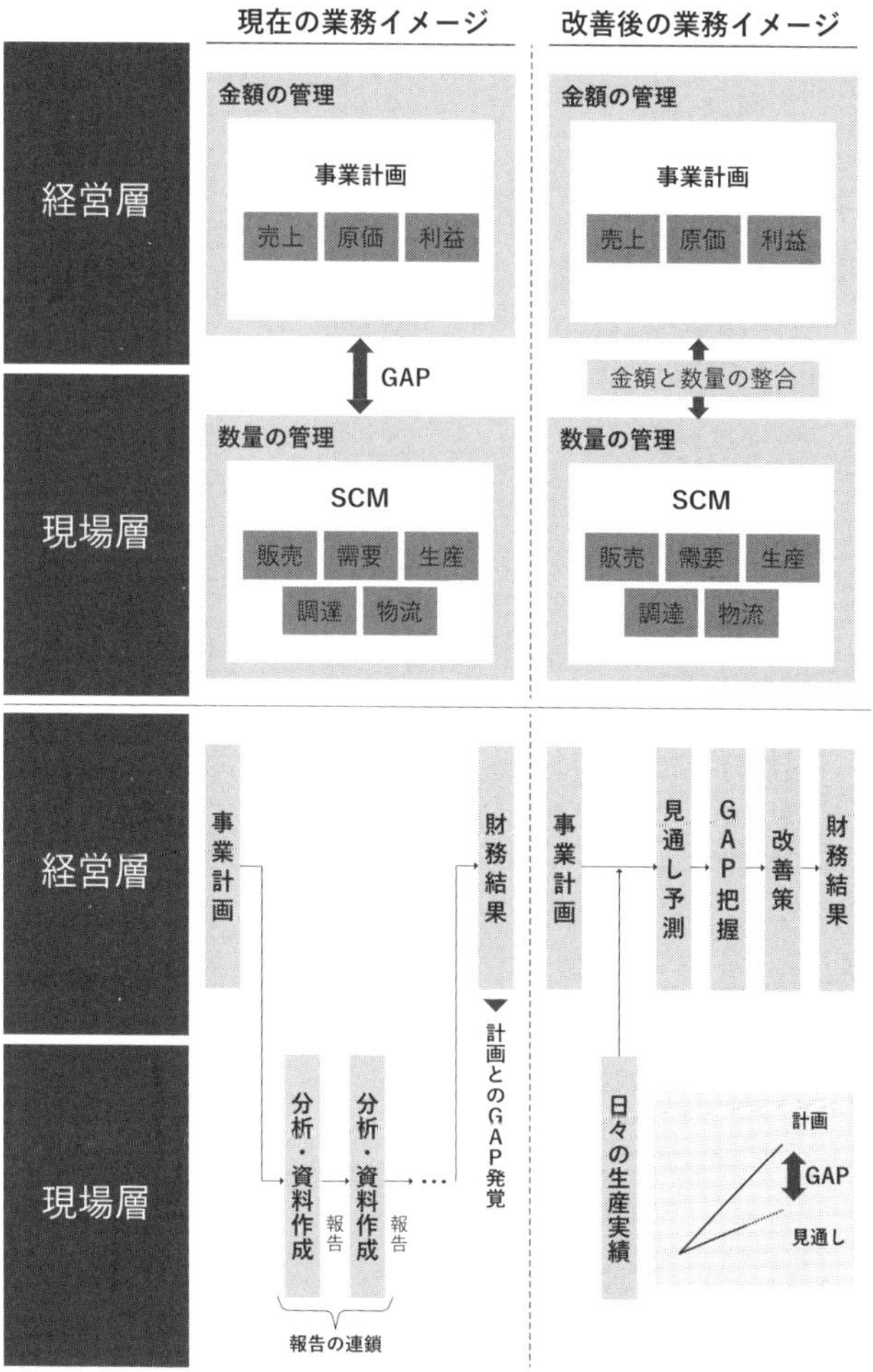

けた各取り組みと連携して進めることにしました。

また、サプライチェーン変革においては、需給管理にS&OPや工場IoT化の導入を検討しました。S&OPとは、「Sales and Operations Planning」の略で、経営層と販売、生産、物流、在庫などの業務部門が情報を共有し、意思決定を早めることでサプライチェーン全体を最適化する経営手法のことです。SCM（Supply Chain Management、原材料の調達から販売までの一連の流れと情報を共有し、プロセス全体を効率化する経営手法）から発展した概念です。数量を軸として考えるSCMに対して、S&OPは金額を軸に管理します。S&OPを導入することにより、金額を軸に考える経営層と数量を軸に考える現場層のGAPを減らし、意思決定をスムーズにすることが可能になります。

工場IoT化とは、工作機械や生産ラインなどにインターネットで接続し、生産性の向上や品質管理の向上を図ることです。工場IoTの中でも、生産設備への導入、制御システムへの導入など、いくつかに分類することができますが、今回は収益向上のためのデータ分析への導入を検討しました。工場全体・生産ライン・設備の稼働データを収集することで収益を見える化するためです。これを導入することにより今まで財務結果が出るまでわからなかった計画と実績とのGAPを、リアルタイムで埋めるための施策を実施することができるようになります。

以上のように、まずは大きな枠組みでの方針を検討し、プロジェクトの軸を決定します。予測型経営につなげていくために必要なことを洗い出し、その結果、迅速な経営判断の重要性、予実管理型経営の課題、販売・物流・生産部門での改革が必要であることがわかり、各部門との連携をしていきながら今後のプロジェクトを進めていくことにしました。さらに、その後の動きでは、具体的なプロジェクトを発足し、それぞれ詳細に目標を定め、課題や検討事項を考えて関係する担当部署などを巻き込み具体的に進めていきます。

Ａ社は２０２１年のＳＡＰ稼働により、ＫＰＩをタイムリーに把握する経営ダッシュボードが稼働する予定となっています。これにより、経営層が必要なタイミングで必要な情報を確認することが可能となり、経営スピードの向上、及び集計・資料作成に費やす作業の省力化につながります。これを受けてリアルタイム経営管理基盤ができ、予測型経営へのシフトへとつなげることが可能となります。

本プロジェクトの成果

私が参画したのは惜しくもこの初期の局面のみでした。予測型経営へシフトしていくためには、このあとも様々な段階をふまなければならず、様々なプロジェクトを経ていかなければなりません。

経営管理高度化の最終局面と、その結果までは見届けることができませんでしたが、この初期の局面では成功したといえます。提案した方針と後続のプロジェクトの大きな枠組みをA社に承認していただいたときは達成感がありました。

戦略系プロジェクトはIT系のプロジェクトと違い、大筋が決まっているものではありません。もちろん、経営や業務の課題を解決に導くという点においては同じです。しかし、今回のような日本に前例があまりなく、海外の事例や論文を中心に調べて、ゼロから生み出していくというプロジェクトは戦略系特有のものです。

私は最初、「経営管理の高度化」と一言で言われても何を改革すればいいのかピンときませんでした。

例えばＩＴ系プロジェクトでしたら、「このシステムを導入したい」という明確な目的がありますが、戦略系はすぐに明確なゴールまでの仮説が立てられるものばかりではありません。

したがって、クライアントの目的を探りながら進めていきます。クライアントとヒアリングを重ねながら、何に困っているのか、何が課題なのかを汲み取っていきます。クライアントたちは何十年もその会社に勤めているので、固定概念があるのでしょう。本人たちが課題とも思っていないことが、実は第三者である私たちから見ると課題であるということが、よくあります。その固定概念を外してあげるように、改善策を提案していきます。

今回のプロジェクトで大変だったことは、日本では予測型経営に関する資料や論文が非常に少なかったことです。海外の事例や論文では数多く取り扱ってましたが、日本企業では実際に取り入れている事例もわずかで、海外の経営は日本より一歩先に進んでいると感じました。

まとめ（成功のポイント）

- 今回は、はじめに予想していたよりも大掛かりな改革になることが決定したが、クライアントが非常に協力的だったことが成功要因の1つ。クライアントの協力を得るためには密にコミュニケーションを取ることが重要。そこから信頼を得ることができる。
- 今回のように大きな改革をする際は、それぞれのプロジェクトとの連携が重要。改革の範囲を広げれば広げるほど、関わる部署が増えるので大変になるが、その分、改革が当初の目標へとつながる。
- テコ入れはしたものの、変化しない部分が多すぎて会社全体で見た時にそれほど成果が得られていないことはよくある。大きく変化するためには時間も労力もかかるが、計画をしっかり練ることで、長い目で見ると大きな成果を得られる。

Project Summary

- 失敗からリカバリーして成功した事例
- クライアント業種：ＩＴメーカー
- 期間：２カ月
- ＰＪ規模（人数）：４名（内、社内１名）
- 内容：ＤＬＴを活用した新規事業の検討支援

プロジェクトの概要

次の事例はＩＴメーカーＢ社からの依頼で、新規事業の事業計画書の策定を支援するプロジェクトです。新規事業というのは、Ｂ社のクライアントである金融機関の業務領域にＤＬＴを活用する事業です。ＤＬＴとはDistributed Ledger Technologyの略で、分散台帳技術と訳されます。台帳をネットワーク上に分散して管理する技術のことです。具体的には、1つのサーバーや主体団体が個人情報や取引情報などを一括管理する「中央管理型」台帳ではなく、その台帳を広くネットワーク上で共有します。

DLTはビットコインにも使用されているテクノロジーであり、改ざんや不正取引ができなくなります。またシステムダウンにも強く、運用コストが安いのがメリットです。このような特徴により、金融機関の業務と相性がよいテクノロジーの1つです。

B社ははじめ、自社で新規事業の事業計画書の検討・策定を進めていました。しかしB社は事業計画の経験がなく、自社だけではやり方や進め方がわからないので、客観的かつ専門的な視点でのアドバイスがほしいとの理由からご依頼をいただきました。

当初、別のコンサルタントA氏がアサインされておりました。そしてプロジェクトが開始してから2週間ほどたった頃、弊社のセールス担当から私に「プロジェクトが炎上しているので、1度ミーティングに参加して、状況を把握してほしい」との連絡がありました。B社とのミーティングに参加したところ、次のような状況でした。

まず、B社は「全体像を整理してほしい」とリクエストしましたが、A氏から提出された資料はB社が到底理解できる内容ではなかったそうです。資料には結論も書かれておらず、B社は自分たちのネクストアクションがわからなかったそうです。それをA氏に伝えても「この資料をもとに判断してほしい」の一点張りで取り合ってくれなかった、とのこと。

クライアントへ提出する資料は、クライアントが理解できるものを作らなければなりません。これはコンサルタントとして基本中の基本です。クライアントが理解できない資料は何時間かけようが意味がありません。クライアントから「わからない」と言われたときはどの部分がどのようにわからないのか確認して、早急に修正すべきでしょう。

また、ミーティングのファシリテーションもしていなかったそうです。B社内のミーティングならともかく、コンサルティングプロジェクトのミーティングで、コンサルタントがクライアントにファシリテーションをさせることは、私は今まで聞いたことがありません。

さらにB社から「アジェンダを作成してほしい」と依頼されても、A氏はB社側で作成するように押し返したり、プロジェクトの全体像を示さず、B社はこれから何をするのかとゴールがわからず混乱していました。もちろんそれらはB社で答えを持っているわけではなのので、本来であればこちらから提示してあげなくてはなりません。

プロジェクトの期間は2カ月間で、プロジェクトのゴールは事業計画書の策定です。最初の1カ月で事業計画書の骨子・ストーリーを固めて、ステークホルダーと方針について合意し、次の1カ月で事業計画書を完成させ、社内で稟議にかけて承認を得ることを目指します。

リカバリー案の提示

前述のような状況をリカバリーするため、私は次のような提案をしました。

本プロジェクトの進め方

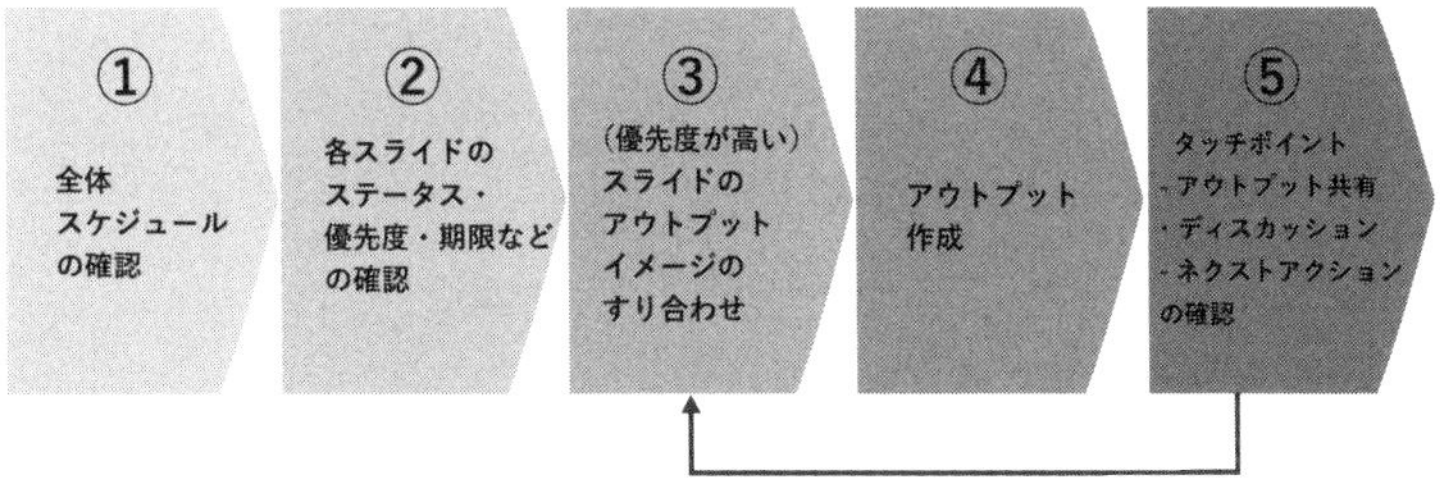

Ⅰ．タスクの全体像・進め方の合意

・マイルストーンを含む全体スケジュールの確認

・既に完成したスライド及び今後、作成するスライドの確認

・今後、作成するスライドの優先度付け

・各スライドの作成期限及び段取りの確認

Ⅱ．アウトプットイメージの認識合わせ

・タスク開始前にB社の想定するアウトプットの確認

・想定するアウトプットに向けたタスクの整理・推進

・今後検討すべき事項の整理
・論点の洗い出し・整理
・調査（調査範囲、役割分担）

Ⅲ．コミュニケーションプランの改善
・全体スケジュールを踏まえた定期的なコミュニケーション機会（タッチポイント）の設定
・右記以外でのコミュニケーションプランの改善
・ミーティング設計及びファシリテーションの徹底（アジェンダ・想定時間、ミーティングのゴール設定、決定事項の共有、ネクストアクションの確認）
・ドキュメントの改善（わかりやすさ、根拠の明示）

これらのリカバリー案を踏まえて、翌週1週間について、前の図のような進め方を提案しました。

進め方の順は、まず①全体スケジュールの確認から⑤タッチポイントまで進めます。

その後にもう一度③に戻り（優先度が高い）スライドのアウトプットイメージのすり合わせから⑤タッチポイントまでを行います。このサイクルを繰り返すアプローチです。

リカバリー案を踏まえて、実際に支援を開始

それでは実際に支援した内容を見ていきましょう。今回の事例ではミーティングが中心となります。次のようなミーティングを重ね、事業計画書の精度を高めていきます。

また、次の項目は全て前の図にある⑤タッチポイントの内容です。これを行い→③④へ戻る……を繰り返していきます。例えば「市場規模の検討」を行い→③（優先度が

高い）スライドのアウトプットイメージのすり合わせ→④アウトプット作成を行います。次に「市場規模の算出」を行い→③（優先度が高い）スライドのアウトプットイメージのすり合わせ→④アウトプット作成を行う……といった流れです。

全体スケジュールの確認、事業計画書の読み合わせ

全体スケジュールの確認として、最初の1カ月で事業計画書のドラフトを作成後、ブラッシュアップし、2カ月後に完成させることを確認・合意しました。

現時点での事業計画書について、B社と読み合わせをし、必要な要素の抜け漏れがないか、今のスライドの改善点をフィードバックしました。今後、作成するスライドのうち、優先度が高いものについて、検討する際の観点やその観点で検討する際に必要な事項を整理し、次回打ち合わせでディスカッションすることになりました。

市場規模の検討

今回の新規事業で想定される市場規模を算出します。前提事項として、主に対象とするユースケース・業務領域（全業務、一部の業務）は今回の場合、B社のクライアントである金融機関に関する新規事業ですので、金融商品（株式、債券、投資信託な

ど）について認識のすり合わせを実施しました。また、新規事業の市場全体の規模、本事業の規模について、算出方法案（競合の売上から算出、料金体系をベースに算出など）を整理し、計算式を検討しました。

今回の新規事業の対象となるユースケースが応用可能な業務領域や業務課題を整理・検討し、今後の方向性を確認しました。

市場規模の算出

前回、検討した市場規模の計算式に基づいて、必要な値（対象となる顧客数や取引量）を調査し、その結果の妥当性を議論しました。

また、市場・事業規模の検討内容が、絵に描いた餅にならないように、本事業を応用できる具体的な領域を示すために、新規事業がユーザーに提供する価値（業務効率化など）や他ユースケースへの拡大、金融業界で応用できる可能性について、検討することで合意しました。

提供価値の整理

B社側・私が作成したそれぞれの資料（新規事業の提供価値、ターゲットセグメント、市場規模）をレビューし、ブラッシュアップしました。

事業の拡張性の検討

新規事業の対象としている業務と類似している業務について、業務の流れ・仕組みなどを調査し、今回の新規事業が適用可能か、また適用した場合の市場規模を検討しました。

ここまでの段階で一度、B社の上長へ中間報告をしました。その時のフィードバックの際にB社は「海外ではどうなっているのか、市場規模の算出で使用している金額はこれで妥当なのか」、「今回の新規事業がどのように社会貢献につながるか」気になっておられましたので、次の2点についても追加で調査することにしました。

❶海外のソリューション調査、市場規模の算出ロジック見直し

今回の新規事業の対象業務について、主要な海外ソリューションが、カバーしている業務領域や機能、特徴などの調査結果を共有しました。

また、市場規模を算出した値の妥当性について、使用している値の根拠を見直した

結果を共有し、検討しました。

❷社会貢献の観点の検討

今回の新規事業が社会貢献にどのようにつながるかということについて、新規事業と関連するSDGsの17の目標と169のターゲットを整理し、議論しました。また、金融のインフラを担う組織が公表している取り組むべき課題との紐づけを整理し、議論しました。

次からはまた通常のミーティングに戻ります。

パートナー企業の考え方の整理

今回の新規事業の拡張性について、プラットフォーム戦略を採用する場合のビジネスモデルと協業できる可能性があるパートナー企業を検討しました。

事業の拡張性の検討

今回の新規事業の拡張性について、データを活用するという観点から、売上向上・

コスト削減につながる案を整理し、検討しました。

炎上案件でも成功できる

このプロジェクトは結果として2カ月間のプロジェクトでしたが、私が引き継いだ時点で、B社からは「本来ならば2カ月のプロジェクトだが、1カ月で終了したい」と言われるほど炎上していたプロジェクトでした。

炎上したプロジェクトでは、リカバリーするために最初のミーティングに特に力を入れることが重要です。いかにB社の期待を超えるような提案を出せるか。私の場合は、クライアントから「ここまでやってくれるのか。我々の力だけではこの結論にはたどり着けなかった」と言ってもらえるまで内容を詰めます。どのプロジェクトでもそうですが、いかにバリューを出してクライアントから認めてもらうかが大切だと思っています。

私が行った支援内容は特別なことではなく、引き継いだ段階で存在していた不明確さ（資料の不明確さ、全体像の不明確さなど）を一つずつ取り除いていっただけなのです。

今回の事例は、Ｂ社自身も自分たちのニーズや要望を理解していなかったため、具体的な要望がありませんでした。ヒアリングを何度行ってもニーズが出てこない時は、段階を踏んで、コンサル風にいえば「仮説を持って」クライアントに向き合うと、徐々に相手のニーズが明確になっていきます。

このプロジェクトのゴールである事業計画書は、無事社内で承認されました。Ｂ社側も結果に満足してくれたようで、新たな案件を依頼されたことはコンサルタント冥利に尽きます。

まとめ（失敗→成功のポイント）

・炎上した時点ですぐにリカバリー案を提出したこと。
・アサインされてからいかに早く、クライアントの期待値を超えるバリューを発揮するかが大事。特に炎上している場合は、クライアントが期待しているより早く実行することで、信頼の回復につながる。
・業界・業務知見も大事だが、コンサルタントのスキルが重要。最初にアサインされたコンサルタントは本プロジェクトの対象となる業務に長年従事しており、知識・経験は豊富。ただ、コンサルタントとしての経験はほとんどなく、プロジェクト管理やロジカルシンキング、ファシリテーション、ドキュメンテーションスキルといったコンサルタントに必要な能力が不足していたため、炎上してしまった。まずはコアとなるコンサルタントスキルを身につけて、知識・経験がなくてもキャッチアップすることができれば問題ない。

第3章

業務コンサルティングプロジェクト事例

日本企業は業務効率化が喫緊の課題

1章のDXコンサルティングプロジェクト事例、2章の戦略コンサルティングプロジェクト事例に続き、3章では業務コンサルティングプロジェクト事例をご紹介していきます。事例のご紹介の前に、クライアントから業務コンサルティングプロジェクトの依頼が増えている背景と関わりのある日本の戦後からの日本企業、特に製造業界の現状についてお話しさせていただきます。

日本はアメリカや中国のように国土が広いわけでもなく、また東南アジアのように石油資源に恵まれた国でもありません。そのため戦後日本は、日本人の手先の器用さを生かした「ものづくり」で経済を発展させてきました。それにより日本には多くのものづくりの企業があります。これまで日本はそういったものづくり企業、つまり製造業界によって支えられてきたと言っても過言ではありません。

しかし、現在は以前とは比べ物にならないほどグローバルでの競争が激化してきています。競争を勝ち抜くためには、ＩＴ化が欠かせません。逆にＩＴ化できなければ今後生き残ることはできないでしょう。そしてＩＴ化ができて初めてＤＸ化実現のためのスタートラインに立てるのです。しかし現状では十分ＩＴ化ができていない企業が多いのが実状です。このＩＴ革命が起こっているにもかかわらず、紙ベースで業務が行われていたり、システムを導入すれば自動化できる作業を、全て人の手で行っているケースは多くあります。

このような状況のため、企業の業務効率化を目的とした業務改革の依頼がコンサルティングファームに寄せられます。「業務改革」というと、単純にシステムを導入して業務を自動化すればよいのでは？　それならばコンサルティングファームではなくシステム会社がシステム導入を行えば済む話では？　と思われるかもしれません。

しかし業務改革の最も重要かつ大変な点は、業務改革後の新しい業務を現場に根付かせることです。いかに素晴らしいシステムを導入したとしても、現場の社員がシステムを毛嫌いしたり、従来の業務のやり方に固執して変化を拒んだ場合、一向に業務効率化は実現できません。

実際に、本社ではＩＴ化を推進したいが、現場はシステム導入に後ろ向きという状況を何度も目にしてきました。だからこそ単に業務改革案を提示するだけでなく、現場と密にコミュニケーションをとりながら、最適な業務を模索することが重要です。現場に寄り添って新たな業務が定着するまで現場と一緒に並走して支援することがコンサルタントには求められます。この3章では3つのプロジェクト事例を通して、具体的な業務改革の中身をお伝えします。

- ●成功事例
- ●クライアント業種：派遣業
- ●期間：1年
- ●PJ規模（人数）：15名（内、社内3名）
- ●内容：全国に拠点がある派遣会社における勤怠管理業務効率化

プロジェクトの概要

2007年に「ハケンの品格」というドラマが流行り、派遣社員という働き方が広く日本中に知られました。おそらくこの本を手に取られた方の中には派遣社員という言葉は知っていても実際に派遣業界や派遣の現場での働き方についてご存じない方もいるかと思います。今回はそんな派遣業界のプロジェクト事例をご紹介できればと思います。

今回ご紹介するのは、とある大手派遣会社A社の勤怠管理業務効率化の実現を目指したプロジェクトになります。A社は製造業を中心に北は北海道から南は鹿児島まで様々なメーカーにスタッフを派遣している会社です。派遣社員が働いている企業というとなかなかイメージが湧かない方が多いと思いますが、実は大手自動車メーカーやハウスメーカー、家電メーカーから化学品メーカーまで、誰もが知っている有名メーカーのほとんどで派遣社員が働いています。日本の製造業は派遣社員が支えている、と言っても過言ではありません。そんな日本のメーカーを支えている派遣会社が抱えている課題が勤怠管理業務の非効率化でした。

非効率な勤怠管理業務を効率化するために

派遣現場の勤怠管理業務は大きく2つあり、1つ目が日々の派遣社員の出勤状況確認です。A社の場合、メーカーの工場は都心部ではなく山の中などのアクセスの悪い場所にあることが多いです。そのため多くの派遣社員は寮で生活をしており、寮から工場に出勤します。また工場によって勤務形態が異なります。朝8時半〜17時半まで、といった一般的な会社員と同じ勤務形態の現場がある一方で、24時間稼働している工場では、7時〜14時、14時〜21時、21時〜翌7時の3交代制の現場もあります。そのためA社の社員は自分が担当する現場の勤務形態に合わせて各出勤時間に派遣社員が出勤しているかを確認しなければなりません。また派遣社員の中には無断欠勤や遅刻、場合によっては無断で現場を辞めてしまう人もいるため（業界では無断で現場を辞めることを「飛ぶ」と呼んでいます）、派遣社員の出勤が安定しない現場を受け持つA社の社員の場合、例えば朝7時から勤務が始まる現場であれば、派遣社員が出勤する時間より前に派遣社員が出勤しているかの確認のためだけに現場に行き、もし何の連絡もなく出勤時間に出勤していない派遣社員がいれば、寮まで起こしに行く、ということを行っていました。

読者の中には「わざわざ現場に行かなくてもスマホやPCで確認すればいいんじゃないの？」と思われる方もいるでしょう。しかし現場には必ずしも出勤を遠隔で管理することが可能なシステムがあるわけではないので、実際に派遣社員が出勤しているかを把握するには、直接行って確かめるしか方法がないのが現状でした。

実際に現場で出勤確認を行っているA社の社員にお話を伺った際、「毎日朝7時や深夜に出勤状況を確認するためだけに現場に行くのは効率が悪いと思われるかもしれません。しかし、もし無断欠勤をした派遣社員がいた場合、メーカーとの関係が悪化し契約を打ち切られる可能性があるから確認は欠かせない」と困っていました。

2つ目の勤怠管理業務は月次締め処理になります。月次締め処理とは、日々派遣社員がタイムカードやタイムシートで出勤・退勤時刻を記録したものを、月に1度回収し、出勤日数と労働時間、残業時間に応じて給与計算を行う作業になります（タイムカードについては学生時代にアルバイトをされていた方であればイメージが湧くかもしれません）。

A社の社員は毎月現場にタイムカード・タイムシートを回収に行き、会社に戻ってからは、タイムカード・タイムシートに書かれている出勤・退勤時刻を、1枚1枚勤怠システムに手入力していきます。派遣社員が2〜3名の現場であれば手作業での入力でも問題はないのですが、中には100名を超える派遣社員が働かれている現場もあるため、その場合手入力だけで何時間もかかります。A社の社員は前述した派遣社員の出勤状況確認だけでなく、派遣社員の契約手続きや入寮・退寮の立ち合い、ガスの立ち合いから健康診断の対応まで様々な業務を行う必要があり、ただでさえ激務の状況にもかかわらず、タイムカード・タイムシートの手入力という単純かつ煩雑な作業を毎月強いられている状況でした。

デジタル化が進んでいる会社で働かれている方からすれば「え!?　未だに勤怠管理をシステム化せずに手作業でやっている会社あるの!?」と驚かれるかもしれませんが、これが派遣業界のリアルな姿です。実際A社の全国の派遣現場の大多数がこれまでに述べたようなアナログかつ非効率な方法で勤怠管理業務を行っていました。

以上のようなＡ社の勤怠管理業務の状況を受け、Ａ社のシステム部がＩＴの力を使って勤怠管理業務の効率化を目指したのがこのプロジェクトの始まりです。ではどのようにＩＴの力を使って勤怠管理業務を効率化するのか。解決方法としては全国の現場へ勤怠管理ツールを導入することになります。この勤怠管理ツールは、これまでのタイムカード・タイムシート同様に出勤時・退勤時に打刻を行う必要があるのですが、一番の違いは打刻した情報がインターネット上でリアルタイムに確認が可能なことです。そのことによって、これまで派遣社員が出勤しているかどうか確認するためだけに現場に行く必要があったＡ社の社員が、遠隔で派遣社員の出勤状況をリアルタイムに正確に把握できるようになります。

また出勤・退勤の打刻情報がデータ化されることで、月次締め処理でタイムカード・タイムシートを勤怠システムに手入力する作業が不要になり、勤怠管理業務にかかっていた時間が大幅に削減されます。

勤怠管理ツールの導入支援

プロジェクト体制としてはA社を含めて15名ほどでしたが、全員が勤怠管理ツールの導入作業に工数を割けるわけではありません。ＰＭＯと呼ばれるプロジェクト全体をマネジメントするチームや、勤怠管理ツールの開発を行うチーム、勤怠管理ツールの保守チームの全てを含めて15名のため、実質勤怠管理ツールの導入を行える人数は私を含めてたった4名でした。そのため限られたリソースの中でいかに効率的に勤怠管理ツールの導入を進められるかが問われました。

このプロジェクトは、大きく次の3つのフェーズに分かれます。

1. 導入戦略立案
2. 導入実施
3. 効果測定

1. 導入戦略立案

どの現場にどの順番で勤怠管理ツールを導入していくのが最も効率的か、という戦略の立案を行いました。先に述べたようにA社は、北は北海道から南は鹿児島まで全国に50支社以上があり、各支社に何十もの現場があります。

私たちが立案した戦略としては、まずは全国の各支社で担当している現場を1つピックアップし、そこに勤怠管理ツールを導入します。このとき利用方法だけではなく、各種設定方法も支社の社員に習得してもらうようにします。そうすることで2番目以降に導入する現場へは私たちが直接行かなくても、支社の社員が導入を進められるようになります。そのことによって、本来であればたった4人で何百という数の現場へ勤怠管理ツールの導入を行う必要があったものを、50現場強まで減らすことができました。

派遣社員数人の現場から100名以上働かれている大型現場まであるため、まずは少人数の現場から導入し、操作方法をマスターしてもらった上で、大人数の現場への導入を進められるよう導入戦略を設計しました。その結果、限られたリソースの中でスケジュール通りスムーズな導入を実現することが可能となりました。

2. 導入実施

1で策定した導入戦略に基づき実際に各現場へ勤怠管理ツールの導入作業を行いました。その際に注力したことは次の2点です。

①全員が同品質でシステマチックに導入すること
②現場の勤怠管理を行う派遣社員の勤怠管理ツールの理解度をいかに向上するか

まず「①全員が同品質でシステマチックに導入すること」についてご説明します。勤怠管理ツールの導入を行う4人はいくつもの現場に並行して導入作業を行わなければなりません。事前に「何をどこまでレクチャーするか」「どの順番でレクチャーするか」のすり合わせを行わなければ、各現場の勤怠管理ツールの理解度や運用の安定性にばらつきが生じてしまいます。そうなれば導入自体は完了してもプロジェクトの目的である「全国の各現場の勤怠管理業務の効率化」が実現できない可能性がありました。そのため、まずは事前に勤怠管理ツールの導入を行う4人で導入手順のすり合わせを行うとともに、共通の資料を用いてどのようにレクチャーを行うか、詳細の認識合わせを行った後、実際に導入作業を進めました。

次に「②現場の勤怠管理を行う派遣社員の勤怠管理ツールの理解度をいかに向上するか」についてですが、現場のA社の社員は、ＩＴやシステムに詳しくない方が多くいらっしゃいました。そのため勤怠管理ツールの導入者同士で会話するレベルのざっくりとした内容やＩＴ／システム用語を多用した場合、社員の理解を十分得られない可能性がありました。そのため、ＩＴやシステムに詳しくない方でもわかるような資料にするだけではなく、レクチャー時もなるべく平易な言葉で説明することを心掛けました。その結果、大きな混乱なく勤怠管理ツールの導入を遂行でき、かつ社員の勤怠管理ツールへの理解度も十分に得ることができました。

3. 効果測定

1・2で実施してきた勤怠管理ツールの導入の結果、導入以前に比べてどの程度勤怠管理業務が効率化したかを計測しました。勤怠管理業務の効率化は「①定量的効果」「②定性的効果」の2種類に分けて計測しました。この効果については次の項で詳しくご説明いたします。

効果測定を実施し、プロジェクトの成果を測る

このプロジェクトの成果は、この「3. 効果測定」で明らかになりました。

①定量的効果

派遣社員の出勤状況を確認するために工場まで行かなければ、日々の派遣社員の出勤状況を確認できなかったのが、勤怠管理ツール導入によって工場に行かなくとも遠隔で出勤状況を正確に把握できるようになりました。また、月次締め処理でタイムカード・タイムシートを勤怠システムに手入力していたのが、勤怠管理ツール導入によって手入力作業の大半が不要になりました。

そのため工場まで片道2時間かかる現場でかつ週に1度は出勤状況確認のために工場に行く必要のあった現場の場合、1カ月で約16時間もの時間が削減されました。

また100人以上の大型現場で月次締め処理に10時間以上かかっていた現場の場合、ほぼ全ての作業時間が削減された例も報告されています。

②定性的効果

勤怠管理ツールの導入を行った、現場のA社の社員に「勤怠管理ツールの導入によって勤怠管理業務は楽になりましたか」とヒアリングを行いました。その結果、多くの社員の方から「勤怠管理ツール導入によって現場の勤怠管理が楽になった」という声をいただくことができました。

このプロジェクトで感謝の言葉をいただけたのが、最も嬉しかった瞬間です。ここまで勤怠管理ツールの「1．導入戦略立案」「2．導入実施」「3．効果測定」を読んでプロジェクトがスムーズに進んできたかのように思われるかもしれません。しかし実際は導入戦略立案時にプロジェクトチーム内で方針がまとまらず、連日議論を重ねましたし、導入実施時には現場の社員が勤怠管理ツールをうまく理解できなかったこともありました。またスムーズに勤怠管理ツールの導入が完了した現場でも、派遣社員から「なぜ新しい勤怠管理方法に変えなければならないのか」と反発され、なかなか現場への勤怠管理ツールが定着せずに苦労したこともありました。思い返してみれば大変だった部分のほうが多いかもしれません。

しかしそれ以上にA社の社員や派遣社員からの「ありがとう」の一言のおかげで「これまでたくさんの苦労があったけれども頑張ってきてよかった」と思えた、素晴らしいプロジェクトでした。

まとめ（成功のポイント）

・勤怠管理ツールの導入により、各現場の勤怠管理業務が定量的にも定性的にも効率的になった。
・ＩＴやシステムに詳しくない社員にもわかりやすいように、なるべく専門用語を使わず、わかりやすい資料を用いて丁寧にレクチャーを行った。
・現場ごとの理解度や運営の安定性を保つため、「何をどこまでレクチャーするか」「どの順番でレクチャーするか」のすり合わせを事前に行った。

Project Summary

- **成功事例**
- **クライアント業種**：化学品メーカー
- **期間**：3カ月
- **PJ規模（人数）**：6名（内、社内1名）
- **内容**：採用サイト刷新による採用の精度高度化

プロジェクトの概要

このプロジェクトはとある大手化学品メーカーB社における採用サイトの改善・刷新・新規構築を行ったものです。

B社は国内のみならず、海外でも採用を行っているので、国内新卒用サイト、国内中途採用サイト、海外新卒・中途採用サイトの3つにプロジェクトは分かれます。

ケース1　国内：既存新卒採用サイト刷新
ケース2　国内：既存中途採用サイト改善
ケース3　海外：新卒・中途採用サイト新規構築

これら3つは並行して進行しており、ケース2→ケース1→ケース3の順で始まっておりました。私が参画したのはケース2の途中からです。そのため、この3つのプロジェクトは、それぞれ進捗状況も進捗スピードも異なる状況でした。

採用サイトの改善や刷新と聞くと「なんでコンサルタントが採用サイトの刷新を行うの？　採用サイトを作り変えるなら単純にシステム会社に依頼すれば済む話じゃないの？」と思われるかもしれません。実際にただ採用サイトを作るだけならコンサルタントは要りません（デザインに特化した専門コンサルタントなら場合によっては必要かもしれませんが）。

ではなぜB社はわざわざ高いコストをかけてまでコンサルタントへ依頼をしたので

しょうか。それは「採用サイトを改善・刷新することで、より良い人材をより多く獲得できるようにする」という目的があったためです。

ですので、あくまで採用サイト自体を改善・刷新するのは手段であり、コンサルタントに依頼された本当の目的は、「どのように採用サイトを改善・刷新すれば、より良い人材をより多く獲得できるようになるか」でした。

プロジェクトの主な関係者は、この採用サイト刷新の依頼主であるB社、実際に採用サイトの改善・刷新の作業を行うシステム会社、最後に改善・刷新方法の検討を行う私たちコンサル会社の3社です。

プロジェクトの流れ

ではこの並行する3つのプロジェクトそれぞれをどのように進めていったのか、具体的な進め方をお伝えしようと思います。

ケース1　国内：既存新卒採用サイト刷新

①現状の新卒採用状況の把握

まず国内の新卒採用サイト刷新に至った背景として、**B社は新卒採用活動において「求めている人材が思うように採用できていない」という状況がありました。**

B社は大手化学品メーカーとしてグローバルに展開している企業であったため、就活生にも認知度が高く、新卒採用時のエントリー数はかなり多い方でした。しかし大手のメーカーであるからか、応募してくる学生のほとんどが「ブランド力のある大手企業で働きたい」「安定した企業で働きたい」という志望動機で、言葉を選ばずに言えば保守的な学生が多かったのです。実際にB社へエントリーした学生に行ったアンケートでは、就活で意識する軸として「大企業志向」と答えた学生が大半でした。

一方でB社の人事部としては、昨今の急速なIT化の流れを受け、どの業界においても常に変化が求められる時代だからこそ、「新しい革新を起こしてくれるようなアグレッシブな学生」を求めていました。

そのため、エントリー数自体は多いものの求めている人材が思うように採用できていませんでした。

②新卒採用市場の分析

では「新しい革新を起こしてくれるようなアグレッシブな学生」はどこの企業を志望して就職活動を行っているのでしょうか。また他企業の新卒採用活動はどのように行われているのでしょうか。

まず私たちは、現状の学生の志向や各企業の採用活動を調査しました。

先ほど、B社での採用状況をお話ししましたが、就職活動中の学生全体の志向としては、東大・京大・早慶上智・GMARCHなどのTOP層の学生ほど、企業名やそのブランドではなく「その企業で得ることのできるスキル・経験」を重視する傾向が見えてきました。

また、転職を前提として新卒で入社する企業を決める学生が過半数を占めるなど「大企業に入社すれば安心」という安定志向から「個々人がスキルを身につけていかなければならない」という志向に変わってきておりました。

先ほど述べた「新しい革新を起こしてくれるようなアグレッシブな学生」に、内定先をヒアリングしたところ、年功序列の日本的な企業ではなく外資系のコンサルファームやベンチャー企業など、若手の頃から実力をつけられる企業が多く挙がりました。

B社も「新しい革新を起こしてくれる」ような自主的な学生が欲しいのですが、そのような学生に内定を出しても結果的に辞退されてしまいます。

このように大企業で知名度もあるB社でさえ欲しい人材を十分獲得できていません。他企業の採用活動もこれまでのように学生からの応募を待つ受け身の姿勢から、「逆求人型」と言われる企業側から学生に積極的にアプローチを行う採用活動に変化してきているのが現状です。

③ 新卒採用サイト刷新の企画立案・実行方法検討

②の現状の学生の志向および採用市場動向を踏まえ、どのような新卒採用サイトを構築すれば求めている学生を採用できるか、またどのように採用サイトの刷新を進めていけばよいかを検討しました。

①②で調査・分析した現状の採用状況および新卒採用市場動向を踏まえ、まずは新

卒採用サイトの目指す姿とターゲットとする学生像を明文化し、KGI（Key Goal Indicator：ビジネスの最終目標を定量的に評価する指標）とKPI（Key Performance Indicator：KGIを達成するための各プロセスが適切に実施されているかどうか定量的に評価するための指標）を定義しました。

その後、どのように新卒採用サイトを刷新するかのステップを整理するとともに、各フェーズで実施する具体的な作業内容や実施者を決定し、採用サイト刷新完了までのスケジュールを作成しました。

そして実際、採用サイト刷新に着手した後は、まずは採用サイトの刷新を行うシステム会社に「どのような新卒採用サイトを構築したいか」を背景・目的含め説明し、システム会社に採用サイトのページ構成および各ページの完成イメージを作成してもらい、目指すイメージと合致しているかの確認をB社と共に行いました。今回の場合、B社は「新しい革新を起こしてくれるようなアグレッシブな学生」を求めているので、明るくてポジティブかつアグレッシブさが伝わるようなイメージになるようにしました。

イメージが合っていることが確認できた後は、スケジュールに沿ってシステム会社に採用サイトを作成してもらいます。週次でシステム会社と打ち合せを行い、スケジュール通り進んでいるか、課題はないかを確認し、刷新後の新卒採用サイトの公開予定日にスケジュール通り公開できるよう、進捗管理と課題管理を行うことが重要になってきます。

ケース2　国内：既存中途採用サイト改善

この国内の中途採用サイトの改善については、先述したように、私が参画する以前からプロジェクトが開始されており、次に説明する「①現状の中途採用状況の把握／分析」「②既存中途採用サイトの問題点分析／改善案検討」を実施しているタイミングで私がプロジェクトに参加しました。

コンサルティングファームで行うプロジェクトでは、長期であれば数年に及ぶプロジェクトもありますので、プロジェクトの途中から参画するシチュエーションは多くあります。だからこそプロジェクトに途中から参画する際に重要なのは「いかに早く過去のプロジェクト経緯とプロジェクトの現状を正確に把握するか」です。そのためプロジェクト参画直後に過去資料を全て読み込むだけでなく、不明点は前からプロジェクトに参画していたプロジェクトメンバーに確認します。プロジェクト参画後に参加する会議や作成する成果物の全てが、過去のプロジェクト経緯とプロジェクトの現状がベースとなるため、**過去の経緯と現状をどれだけ正確に把握できているかが、プロジェクトでバリューを出せるかに直結するのです。**

では本プロジェクトについてご説明していきましょう。

①現状の中途採用状況の把握／分析

まずGoogleアナリティクスというGoogleが提供するアクセス解析ツールを用いて「中途採用サイトの訪問者数は月間どれくらいか」「訪問者はどこから来たのか」「使われたデバイスはスマホかパソコンか」など、中途採用サイトへの求職者のアクセス状況を定量的に分析しました。

その結果、アクセス数に対して実際にエントリーまでつながった求職者の割合が10%程度とかなり低いことが判明しました。逆に言えば、中途採用サイトを改善することで、大幅な採用数増加につながる可能性がある、ということです。

②既存中途採用サイトの問題点分析／改善案検討

①のような状況であったため、ここでは、求職者は何が原因で中途採用サイトから

離脱してしまっているかを分析しました。その結果、中途採用サイトのＴＯＰページから何枚もページを遷移しないとエントリーページまでたどり着けないことや、そもそもエントリーボタンが見つけにくいこと、また求職者が求める情報がサイトに不足していることなど、様々な問題が発見されました。

そこで、中途採用サイトの改善作業を実際に行うシステム会社と協議し、抜本的なサイト構成の変更と、ＵＩ（ユーザーインターフェース。ここではサイトの画面表示や操作方法を指す）の改善、各ページのコンテンツの見直し・修正を実施しました。

③ 改善案実施前後の効果検証

ここでもGoogleアナリティクスを用いて、②で実施した中途採用サイトの改善前後で中途採用サイトへ流入した求職者のうち、何人がエントリーページまで遷移したか、また実際にエントリーした求職者は何人いたか、などの効果検証を月単位で実施しました。

ケース3　海外：新卒・中途採用サイト新規構築

①各国の採用状況分析／採用サイト構築を行う国の選定

B社はアメリカ、ヨーロッパ、アジアなど、グローバルに展開している企業です。日本の企業ではありますが、海外支店では現地にて人材を採用しています。一口に海外の新卒・中途採用サイトの新規構築を行う、と言っても、どの国で最も採用サイト構築のニーズがあるのか、というところから調査する必要がありました。

どの地域から調査を開始すべきかB社にお伺いしたところ「東南アジアを調査してほしい」とのことでしたので、まずはタイ・マレーシア・フィリピンの現地の採用担当の方に、直近1年間の採用目標人数とそれに対する採用実績および来年の採用目標人数をヒアリングしました。その結果、マレーシアで目標人数に対して十分な数の人数が採用できていないことが判明しました。

さらに詳しくヒアリングしたところ、マレーシアでは東南アジアで共通の採用サイトを利用して採用活動を行っていたことが判明しました。そのため、サイトを訪れた求職者はマレーシアの求職者用の募集要項ページにたどり着けていない、といった課題があることが判明しました。そこで東南アジアで共通の採用サイトから分離させ、マレーシア専用の採用サイトを構築することで、採用人数の増加を目指しました。

②ターゲット国の採用状況分析・競合企業分析

次に実施したのが「②ターゲット国の採用状況分析・競合企業分析」です。
マレーシアの求職者は各社の採用サイト経由で企業に応募するのが一般的なのか、またB社の競合となり得る現地の企業はどのような採用サイトで採用活動を行っているかを調査、分析しました。

その結果、マレーシアの求職者は日本と同じく採用サイト経由で応募が行われていることが判明しました。また競合企業の採用サイトは、B社の東南アジアで共通の採用サイトに比べ、ページ遷移数が圧倒的に少ないだけでなく、求職者が求める情報が記載されたページへのリンクが採用サイトのTOPページに表示されており、このまま改善を行わなければ競合に求職者を取られてしまう可能性が高い状況でした。そのため、マレーシア専用の採用サイトは、採用TOPページから応募ページまでのページ遷移数を大幅に減らすとともに、TOPページに募集要項などの採用者が求める情報を記載する方向で採用サイトの構成を検討しました。

プロジェクト実施後、求職者のエントリー率は3倍に

最後に、このプロジェクトの成果をお話ししたいと思います。このプロジェクトの期間は3カ月で、私が最後まで結果を見届けられたのはケース2だけでした。ですので、ここでは「ケース2　国内：既存中途採用サイト改善」の成果について、お話しできればと思います。

先に記載した通り、国内の中途採用サイトは、求職者の中途採用サイトへのアクセス数に対して実際にエントリーした求職者の割合が10％程度とかなり低い状態でした。その現状に対し、サイト構成の変更によるページ遷移数の減少、エントリーボタンをわかりやすく改善、求職者が求める情報が記載されたページへのリンクを採用サイトのTOPページに配置する、などの施策を実施しました。**その結果、採用サイトを訪問した求職者のエントリー率が3倍に上昇しました。**

一つひとつの施策は小さく地味に見えますが、その積み重ねこそが大きな成果を生むことを実感できたプロジェクトです。

まとめ（成功のポイント）

- Googleアナリティクスを用いて、中途採用サイトに訪れた求職者がどこでサイトを離脱してしまったのか、またその原因は何かを詳細に分析したこと。
- どのような施策を行えば中途採用サイトを訪れた求職者が離脱することなくエントリーページへ遷移するか、仮説・検証を何度も繰り返しながら施策を実施したこと。
- 複数のプロジェクトが同時進行する時は、各プロジェクトの進捗状況を必ず見える化すること。そうすると進捗状況や進捗スピードが異なる中でも各プロジェクトをスケジュール通り進めることができる。

- ●成功事例
- ●クライアント業種：アミューズメント業
- ●期間：1年
- ●PJ規模（人数）：10名
- ●内容：アミューズメント会社における生産管理業務フロー改善

プロジェクトの概要

このプロジェクトは、アミューズメント会社C社の生産管理部門の業務フローを改善することが目的です。

この部門は、C社全体の業務を管理している部門です。業務内容は大きく分けて、受注・出荷・納品・請求・売上計上などがあります。この部門の状況は属人的な業務が多く、例えば得意先からの見積り依頼により、仕入れ先に対して見積りをお願いしたくても担当者しか手順がわからないなど、特定の人しか業務を把握している人がいないため、スムーズに業務が進まない状況でした。

通常、このような管理業務では誰が何をやるか、担当者が決まっているので、一人しか業務がわからないというのはよくあることかもしれません。ですがそれによって業務がスムーズに進まないのは問題です。

また、各業務で窓口になっている人が1人いるのですが、窓口で業務を受けたあとどのように資料を作成するのか、誰に提出するのかなど、承認してもらうまでのフローが不明瞭で、非効率な業務が数多くありました。

さらに人によってやり方が違っていました。例えばAさんの見積もりの取り方は、何社か相見積もりを取って一番安いところに発注する、というものですが、Bさんは1社しか見積もりを取らずに発注する、といった状況です。

また、昔から付き合いのある少し割高な業者を優先していたため、無駄なコストが発生しておりました。

今回の依頼は、「業務フローの改善」ですので、上記の状況を踏まえて全体の業務フローを改善していきます。

プロジェクトの流れ

現行業務フローの無駄な作業を排除

まず、受注から売上計上までの流れを描いていきます。そしてそれぞれのフェーズで発生する業務を洗い出します。それをさらに業務フローに落とし込み、見える化していきます。次ページの図のような全体図を描いて進めていきます。

業務フローを作成するにあたって、とりあえずの改善策を提案・実行しても本質的な改善にはならないため、次のような手順で進めていく必要があります。まずはとに

受注から売上計上までの流れ

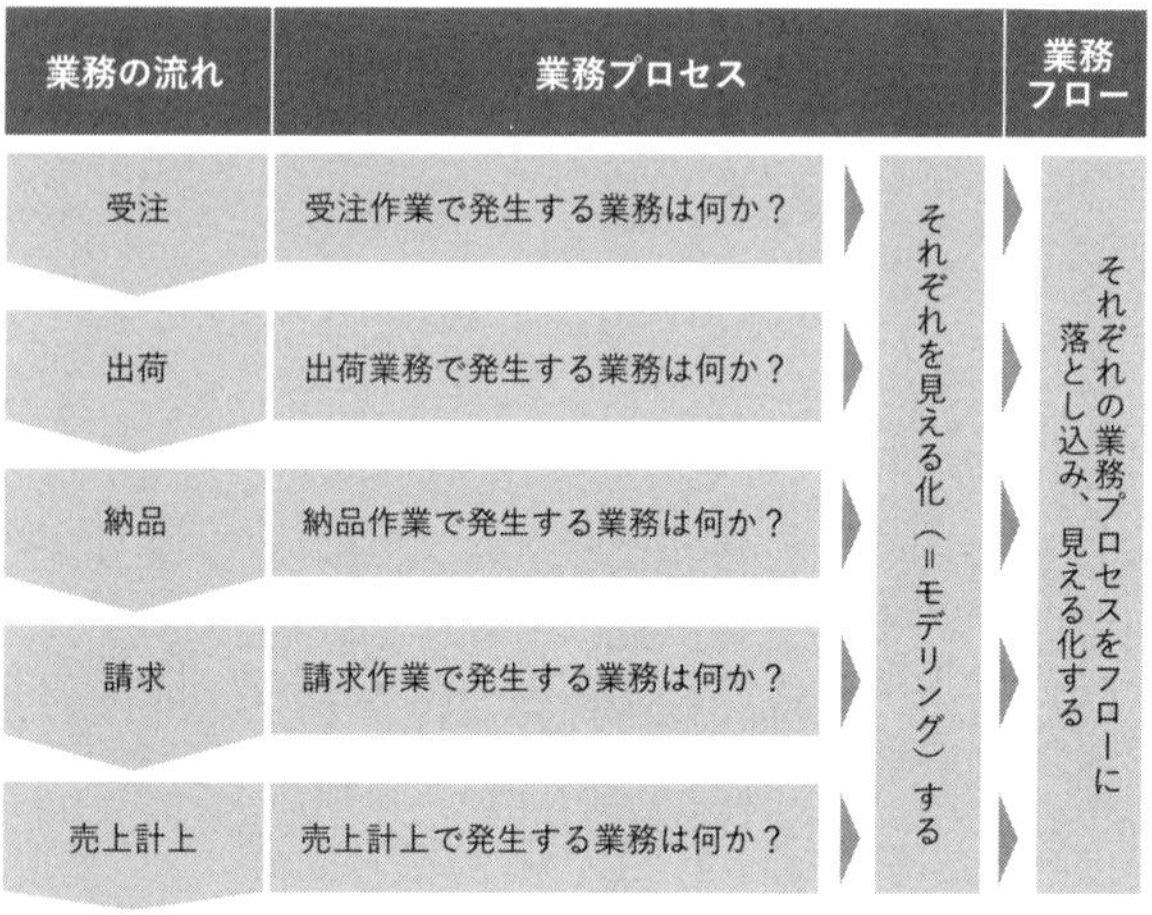
業務の流れ
業務プロセス
業務フロー
受注
受注作業で発生する業務は何か？
出荷
出荷業務で発生する業務は何か？
納品
納品作業で発生する業務は何か？
請求
請求作業で発生する業務は何か？
売上計上
売上計上で発生する業務は何か？
それぞれを見える化（＝モデリング）する
それぞれの業務プロセスをフローに落とし込み、見える化する

かく、現状を把握し整理していくことが重要です。

1．現状把握・ヒアリング

現行の業務を可視化するために業務プロセスのつながりや関連性を図で作成していきます。実際の業務を詳細に把握している担当者にヒアリングしていく必要がありますが、通常業務も行っていて、なかなか時間をとっていただけないことが多いです。嫌がられることも多いため、**まずは事前に業務一覧を整理しキーマンとなる方を確認してプロジェクトに巻き込んでいけるように進めていきます。**

実際に業務を行っている担当者にどれだけ情報を聞き出せたかがポイントにな

るため、コミュニケーションを密にすることが何よりも重要になります。とはいえ先述したように担当者は通常業務に手一杯で、非常に忙しい状況です。ですので私が気を付けたことは、いきなり要件から入らず、「今何か困っていることはないですか？」など、相手のメリットになるように声をかけるようにしました。そうすると相手も素直に受け入れてくれ、スムーズにヒアリングを進めることができました。

また、問題点を洗い出すときに注目すべきポイントは、クライアントが期待していることは何かを探ることです。**ヒアリングの中から、クライアントは何を求めているかを把握して、そこから逆算して問題点を洗い出していきます。**「どの業務で問題があるか」「非効率な業務はどこになるか」をうまく聞き出していきましょう。

2. 問題点の洗い出し

1で調査した結果、問題点は次のようでした。

・業務パターンを洗い出せておらず、どういう業務があるのか明確になっていない。そのためフローに落とし込めていない。

・クレームなどの問題が発生した際のフローが明確になっていない。そのため何か問題が起きても担当者に確認しなければ対応できず、解消までに時間がかかることがあった。

・システム化せず手作業の業務が多い。例えば様々なシステムからデータを抽出して、それを取り込むことを手作業で行っていた。

「何が原因で工数がかかっているか」「なぜこの業務を行う必要があるのか」を調査していく必要があります。さらに根本原因を突き詰めていくことで、業務改善につながるため、問題の洗い出しを行い、「なぜこの問題が起きているのか」という原因の掘り下げを行っていきましょう。

3．改善計画の立案

2で洗い出した問題点に対する改善案は次の通りとなります。

・1人の担当者しか対応していない業務やメールで確認する業務などをフローにして可視化

・各プロセスで問題が発生した際にどこに問い合わせをするべきか一覧化
・これまで数名で対応していた手作業を自動化↓エクセルからデータベースにアクセスしデータを抽出できるようにする

まずは改善の方針を決め、どのようなステップで進めていくのか検討します。Ｃ社の場合、①不要な業務を排除・廃止、②業務マニュアルを作り、作業を標準化、③業務の変更、というような３つの方針を検討していくことで、高い改善効果が得られます。２で洗い出された問題点に対して優先順位をつけて改善計画を立てていきましょう。

また、特に**②の標準化は業務の属人化をなくすことができ、マニュアルさえあれば誰でも作業を行えるため、効率的に業務を進めることができるようになります。**

４．改善計画の実行

３．改善計画の立案に対する実行内容は次の通りとなります。

・各担当者に個別にヒアリングしどのような作業を行っているのか、手作業の業

務はどのくらいかかるのかなど確認
・各担当者に各プロセスで問題が発生した時にどのようなアクションを取り、誰に報告・連絡・相談しているのか確認
・IT部門担当にサーバーへの制約・アカウント発行や手順を確認

改善計画に沿って実際に進めていくことになりますが、状況に応じて小まめに評価と改善をしていくことが実行のポイントとなります。

ベストな計画書が作成されても、関係者の協力がなかなか得られない、思った通りに進められないなど予想外の問題が発生するため、その際はきちんと問題点を洗い出し、必要に応じて改善計画を修正し対応していきましょう。

5. 実行結果の分析

4. 改善計画の実行に対する分析内容は次の通りとなります。

・実際の手作業業務はどのくらい減ったのか、一担当者が行っていた業務は他の担当者でも対応できるようになったのか確認

・当初の業務作業時間が改善計画実行後はどのくらいの時間で作業が完了できたのか、人員コストはどのくらい削減できたのか確認

改善計画実行後は「業務を効率よく回せるようになったのか」「どのくらいで業務を回せたか」のようにどのような結果になったのか確認することが重要です。この時、思ったよりも改善できていないようであれば、どこに問題があったのか振り返りを行い、改善を繰り返していきましょう。

業務フロー改善は地道な作業

業務改善は地道な作業です。ヒアリングを行い、問題点を洗い出し、改善計画を策定、改善計画を実行、結果を検証するというプロセスを何度も繰り返していく必要が

あります。また、より精緻な業務フローを作成するには実業務の担当者とコミュニケーションを頻繁にとっていく必要があるため、それが苦手な人にとっては大変な作業になるかもしれません。

皆さんの業務でも、改善業務を行っても本質的な改善にはつながらないことがあったり、業務効率が逆に低下してしまうということもあると思います。先ほども述べたプロセス（問題点を洗い出し、改善計画を策定、改善計画を実行、結果を検証）を繰り返すことで改善していきます。めげずに実施していきましょう。

まとめ（成功のポイント）

- 実際に業務を行っている担当者から非効率で不満に感じる業務をどれだけ聞き出せるかが重要。
- 実業務の担当者は通常業務がメインになるため、どのように情報を吸い上げしていくか、プロジェクトに巻き込めるかを考えてから進める。
- 業務フロー作成はどれだけ可視化できたか、業務を洗い出せたかが重要。

第4章

ITコンサルティングプロジェクト事例

企業のIT化をITコンサルタントが支援

4章ではITコンサルティングプロジェクト事例をご紹介します。その前にITコンサルタントの役割や必要性について少しお話しさせていただきます。

ITコンサルタントの役割

ITコンサルタントは、クライアントの経営課題を、IT技術を活用し解決していく専門家です。IT全般について高い専門性と業務知識を持たなければ、クライアントの事業戦略や業務改善、プロジェクトの実行を支援できません。

ITコンサルタントはプログラマーやSEとチームを組んでプロジェクトを行って

いきますが、ＩＴコンサルタントが担当するのは、その上流工程です。

具体的にいうと、クライアントの課題に対してどのようなシステムを導入すれば課題が解決されるか、クライアントの要望をヒアリングし、ニーズに合ったシステムを提案します。そのシステムの構築と設計をしていくのがプログラマーやＳＥです。

ですので、ＩＴコンサルタントはよりクライアントのビジネスにおける目標達成にコミットしなければなりません。「ＳＥとの違いは何ですか？」とよく聞かれますが、ＳＥの役割はＩＴコンサルタントが求めるシステムを作り上げることで、ＩＴコンサルタントはそのシステムを使ってクライアントの経営課題を解決していくのが役割です。

ＩＴコンサルタントの必要性

クライアントの社内人員で複数プロジェクトを実行できるのであれば、ＩＴコンサルタントは不要です。ＩＴコンサルタントを利用することで、例えば、経験が浅くプロジェクトの進め方がわからない人や、課題解決・ＴｏＤｏ管理をどのように行うのかわからない人はそれらが解消されるので、スムーズに業務を進めることができます。また昨今企業では、ＩＴ技術なくしてビジネスは成り立たなくなってきています。複数のＩＴプロジェクトを同時並行で進めていくことは決して珍しくありません。そこで、豊富な経験・知識をもったＩＴコンサルティングサービスを活用することで、トラブルを未然に防ぎ、最終的にＩＴプロジェクトを成功させる可能性が上がります。

以上のことを踏まえて、失敗事例、失敗からリカバリーして成功した事例、成功事例で、ＩＴコンサルタントはいったいどのように対応していったのか、失敗のポイントは何か、その際の問題・課題点は何かを具体的にご説明させていただきますので、今後のご参考になれば幸いです。

Project Summary

- **失敗事例**
- **クライアント業種：**生命保険
- **期間：**6カ月
- **PJ規模（人数）：**8名（内、社内3名）
- **内容：**アプリケーション仮想化のインフラ構築（インフラPJ事例）

プロジェクトの概要

このプロジェクトは生命保険会社A社における顧客情報管理を改善するために既存の業務アプリケーションを仮想化するインフラ構築です。

「アプリケーション仮想化」とは、データセンターやクラウド上で稼働させているアプリケーションの画面のみを表示させるデスクトップ仮想化をアプリケーション単位で行っていると考えてください。

アプリケーション仮想化を行うことにより、本来は執務室内や※1VPNで社内からしか接続を許されていない既存の業務アプリを、インターネットを介して利用できるようにして、iPadなどWindows以外の端末から利用できるようにするために立ち上げられました。

パソコン上にデータを置かずに済みますし、通信経路は画面情報しか通らないため盗聴が困難というセキュリティ面でのメリットや、集中管理できるという運用面でのメリットもあります。

※1　VPN：暗号化した通信で外出先から社内に安全に接続する技術

インフラとは何か

ここではインフラ案件についてご紹介しますので、まずはインフラ案件とは何か、ご説明させていただければと思います。

インフラとは、ご存じの方も多いと思いますが、インフラストラクチャー（Infrastructure）の略称で、一般的には電気、ガス、水道、道路さらにはインターネットなど、社会生活の基盤となる施設、設備、システムを指します。

ただしここでお話しする「インフラ」は一般的なインフラではなく、ＩＴシステムのインフラです。どのようなＩＴシステムも中心となるのは、ＷｏｒｄやＥｘｃｅｌ、Ｗｅｂブラウザのようにユーザーがやりたいことを実現してくれる「アプリケーション」ですが、アプリケーションを動かすためには相応の環境が必要となります。ＷｏｒｄやＷｅｂブラウザなどはパソコンがあれば動きますが、企業のＩＴシステムはもう少し複雑です。

例えば顧客管理アプリケーションを動かすには、アプリケーションを稼働させるためのサーバー、データを管理するデータベース、コンピューター間を接続するネットワークを主として、社内のユーザー認証を一括管理する認証システム、[※2]FQDNをコンピューターが通信するためのIPアドレスに変換する[※3]DNS、メールを送受信するメールサーバー、その他雑多な仕組み諸々をまとめて「インフラ」または「基盤」と呼んでいます。

データベースや認証システム、DNSなどはそれそのものもアプリケーションであり[※4]ミドルウェアと呼ばれますが、ユーザーが実現したいことそのもの（顧客管理アプリケーションなら顧客管理）ではないのでインフラとして扱われることが多いです。

近年はインフラの中でもクラウドで提供されるものとして[※5]IaaSが利用されることが多くなってきました。

この後に出てくる「インフラ（基盤）」は全てITシステムにおけるインフラと考えていただければと思います。

※2　FQDN：example.co.jpのような宛先コンピューターの名前

※３　ＤＮＳ：ドメイン・ネーム・システムの略。ドメイン名とＩＰアドレスを関連づけ、宛先ホストを指示するためのシステム

※４　ミドルウェア：ＯＳとアプリケーションの間で特定の機能を提供するソフトウェア

※５　ＩａａＳ：Infrastructure as a Serviceの略。情報システムの稼動に必要な仮想サーバーをはじめとした機材やネットワークなどのインフラを、インターネット上のサービスとして提供する形態のこと。自社でサーバーなどのハードウェアをもたずに、インターネット経由で必要な時に必要なだけサーバーやストレージ、ネットワークリソースを利用することができる

インフラ案件の特徴

次にインフラ案件の特徴を説明します。

インフラ構築プロジェクトの流れは一般的なＩＴプロジェクトと同様に、立ち上げ↓要件定義↓設計↓開発↓テスト↓リリースですが、大きな違いは「インフラはアプリケーションを稼働させるために存在する」という点です。

まずビジネス上の目的（今回の事例だと顧客管理）を達成するためにアプリケーション開発プロジェクトが立ち上がり、その一部としてインフラ構築が行われます。

インフラ構築プロジェクトの進め方

このプロジェクトのようにアプリケーション開発に伴うインフラ構築プロジェクトの進め方を順に説明します（次図「インフラ構築プロジェクトの進め方」参照）。今回のようなＩＴプロジェクトにＩＴコンサルタントが参画する場合、多くはプロジェクトマネージャー（ＰＭ）またはその補佐としてプロジェクトを推進します。またはプロジェクトマネジメントオフィス（ＰＭＯ）としてプロジェクト全体およびサブプロジェクトの進捗や品質を管理する立場となります。私はＰＭ補佐として参画しました。ＰＭ補佐のこの時点での仕事は、アプリケーション開発のプロジェクト計画書を読み込み、必要に応じてアプリ側のＰＭと打ち合わせをしてインフラのプロジェクト計画を策定することです。

インフラ構築プロジェクトの進め方

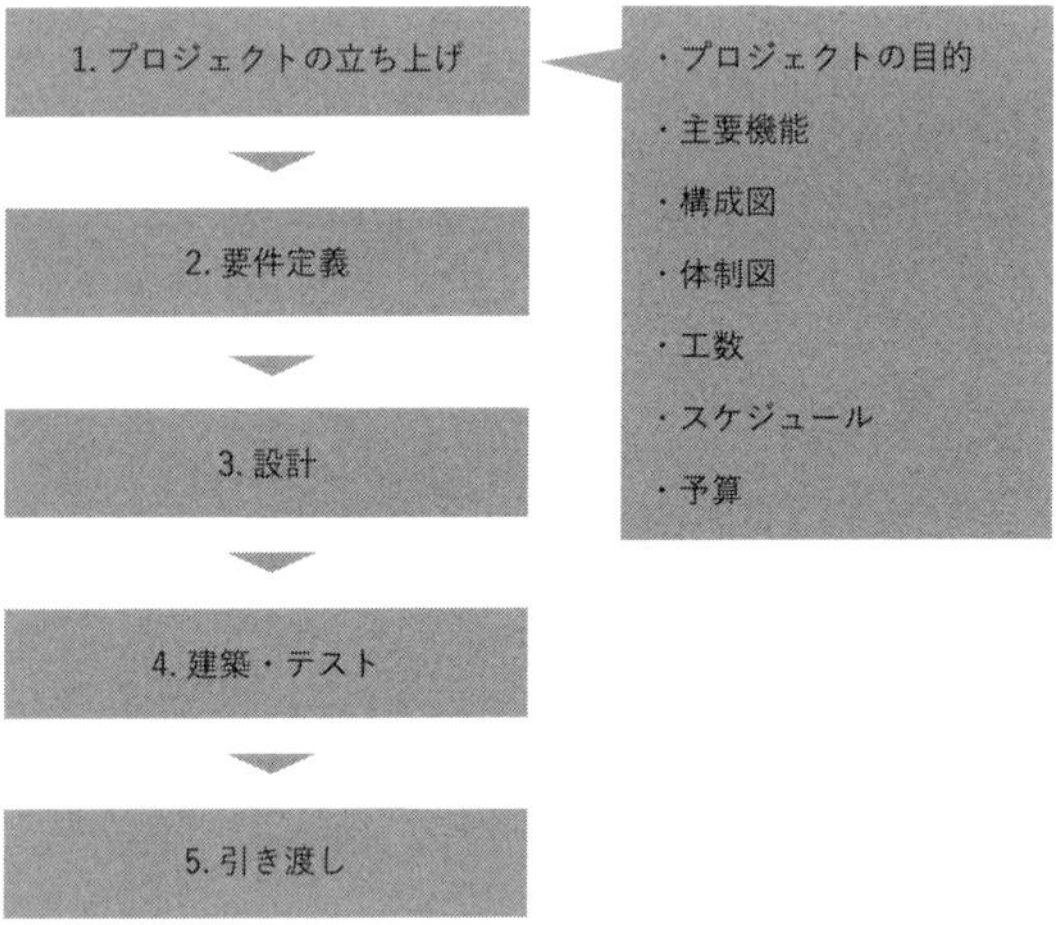

1．プロジェクトの立ち上げ

アプリケーションを仮想化するミドルウェアはA社内では初めて利用するものでした。実績がないためPoC（実証実験）が行われ、問題なしと判断するとプロジェクトが始動、アプリケーション開発プロジェクトの依頼を受けてインフラ構築プロジェクトを開始しました。

プロジェクトが立ち上がったらプロジェクト計画書を作成します。インフラのプロジェクト計画書には以下のような内容を記載します。

▼プロジェクトの目的

プロジェクト推進の方向性がブレないよう、プロジェクトの目的を定義します。

今回のプロジェクトでは「既存業務システムを仮想化して、場所や端末種別を問わずにユーザーに利用してもらいたい」が目的でした。多くの場合インフラの構築は目的ではないので、アプリケーション開発の目的を記載することになります。

▼主要機能

インフラ機能のうちアプリケーションの要件を満たすために必要十分な機能を定義します。今回のプロジェクトではアプリケーション仮想化製品とそれが稼働するサーバー環境、インターネット側からの接続を受けるためのネットワーク構成について策定しました。

通常、目的を達成するための製品が複数ある場合は、比較検討を行い最も費用対効果の高い製品を選定します。サーバーはＩａａＳを利用したため、冗長化できる最小台数である2台とし随時拡張できるものとしました。ネットワークは社内標準のＦＷ、ＷＡＦ、プロキシサーバーを通過したのち、ロードバランサによる負荷分散を行ってからExpressRouteを通ってＩａａＳに到達する構成です。

もう少しわかりやすく説明すると「パソコンからインターネットを通って社内に入り、諸々のセキュリティ機器を通った後サーバーにつながる」というシンプルな構成で、サーバーのところだけクラウド（ＩａａＳ）にあると考えてください。

▼構成図

システムがどのような目的で利用されるかを見極め、社内のどこに配置すればよいか、インターネットや社内からの接続をどのようにサーバーに到達させるか、社内のどのシステムと連携させるかを策定します。文章で表すことは難しいですしわかりにくいので、システム全体を１画面、１枚の紙で見通せる構成図を作成します。

▼体制図

プロジェクトの体制図は、関係者の立場を明確にして意思決定とコミュニケーションの活性化を図るために必要です。上位からプロジェクト責任者、ＰＭ、ＰＭＯ、リーダー、メンバーをツリー状に記載します。インフラだけではなく、アプリ側の体制図も１つの図中に記載します。インフラ構築を外部ベンダーに委託する場合は、会社名と責任者および連絡先を明記します。

プロジェクトの体制図

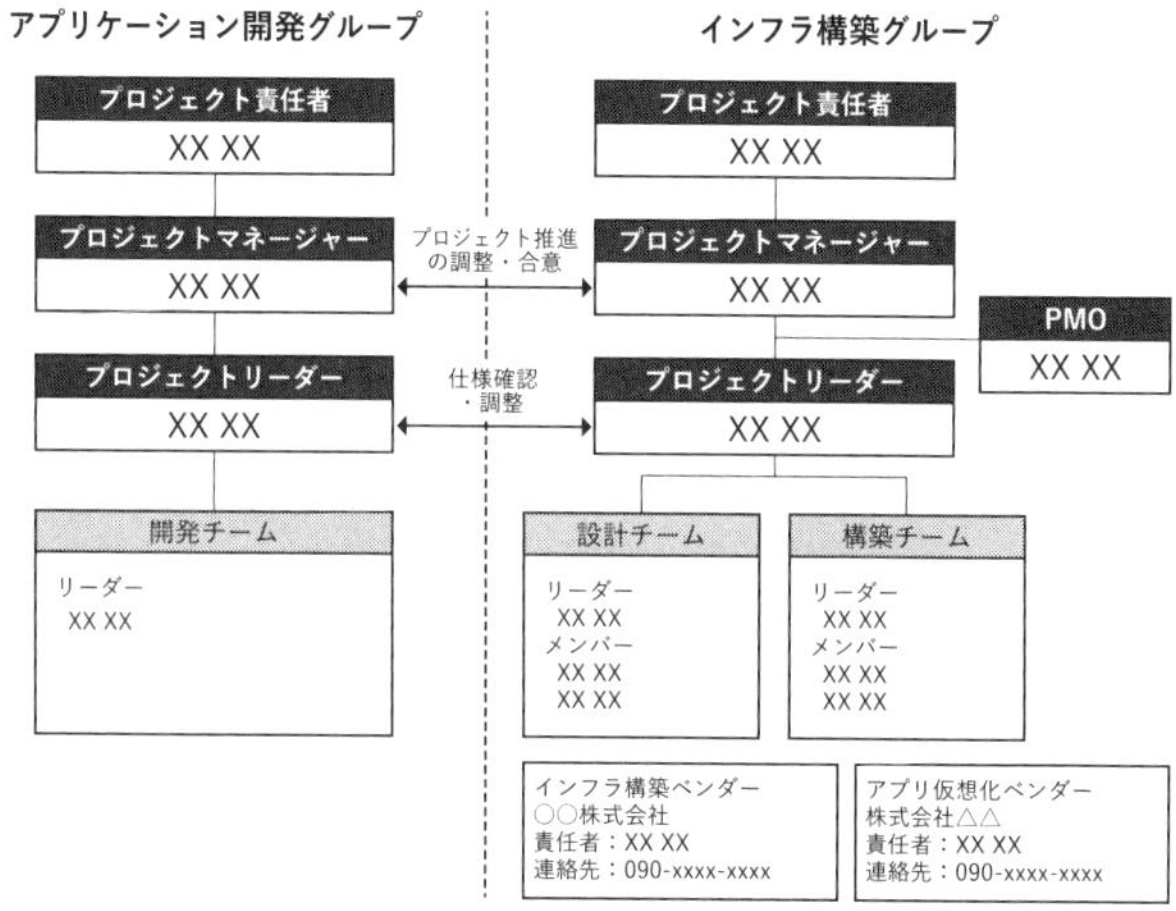

なお、予算が絞られるためインフラ構築グループはアプリケーション開発と比較して、少人数チームでの対応となります。経験則ですがインフラ構築はアプリケーション開発の3分の1程度の規模になります。

▼工数

各作業にどれくらいの時間がかかるかを工数と呼び、「人日」や「人月」という単位で算出します。「人日」は1人で作業した場合1日かかる、という作業量の単位です。「人月」は1人で作業した場合1カ月かかることを意味します。

　例えばあるプログラムを作成する場合、1人で作成すれば3日かかる作業は「3

人日」と表します。また、1人で作業すると2カ月かかるものは「2人月」と表します。この場合、2人で作業すれば1カ月で完成する、ということになります。なお、3人で2カ月かかる場合は「6人月」となります。

実際には人が増えるとロスも増えるので、人数を2倍や3倍にしたからといって、工数は単純に2分の1や3分の1にはなりません。

計算自体は簡単ですが、実際に必要な工数を算出するのは簡単ではありません。多くの場合はPMやPLが経験則をもとに工数を算出するので、経験量が精度に直結することになります。

人月は、それに作業者の月単価を掛ければ人件費が算出できる非常に便利な考え方です。なお、同じ1人月であっても、人材の立場やスキルレベルによって月単価は異なりますので、適材適所に人材を配置することは人件費の削減にもなります。

▼スケジュール

アプリ側のスケジュールに合わせて作成していきます。インフラの要件定義、基本設計、詳細設計、構築、テストの各フェーズをプロジェクトの期間に応じて週〜月単

スケジュール

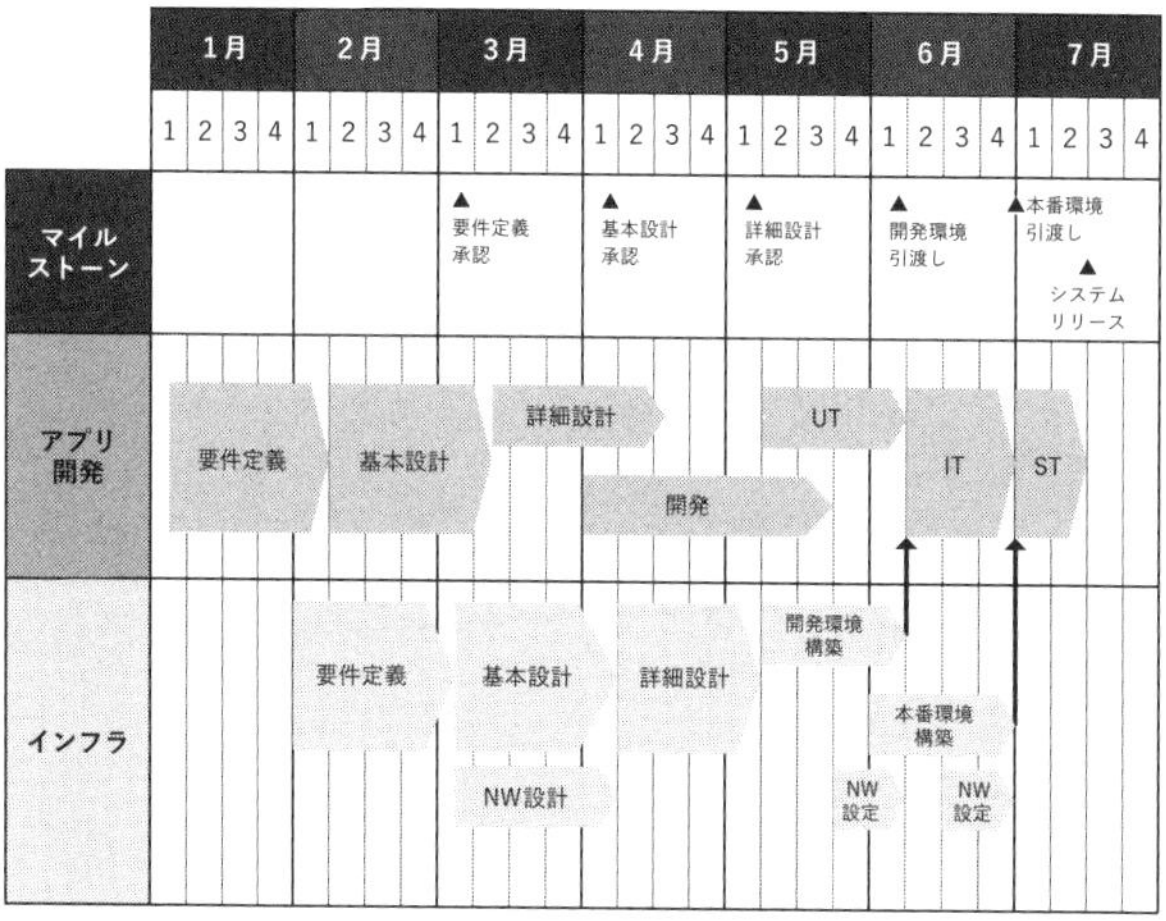

位で図示し、システムリリースなどの重要なイベントはマイルストーンとして記載します。

　アプリケーション開発の要件定義を受けてインフラ側も要件定義の検討を開始し、開発やシステム稼働が始まる前に構築を終了します。つまりインフラ構築はプロジェクトの途中から始まるのに、先に終わらせないといけないので、スケジュールはタイトになります。上の図のようなイメージになります。

　アプリケーション側のスケジュールが遅れたとしても、インフラ構築の期限は大抵の場合「ビジネス上の要望を満たすため」との理由で延びません。

　よほど小規模のシステムでない限り、

アプリ開発を行うための開発環境が存在します。開発環境は遅くともアプリの結合テスト（IT）を行う段階で必要になりますので、本番環境より早い段階で開発環境の構築を終えるようにします。テストには多大な工数が発生するため、アプリ開発ベンダーから追加要員をアサインしていることがよくあります。要員を確保したのにテスト環境がない状態になると、テストは進まないのに日々コストが発生し続けます。スケジュールはアプリ側と十分調整した上で無理のない日程で作成してください。

▼予算

選定したハードウェアやソフトウェア製品の見積もり、作業を委託するインフラ構築ベンダーの見積もり、工数から算出した人件費を合計したものが予算となります。

基本的にビジネス目的の達成に対し影響を与えない部分なので、可能な限り削減しますが、ここで重要なのは各フェーズで発生しうるリスクを見込んで、各所にバッファ（余裕）を設けておくことです。あるサーバーの構築が1人月で終わるとしても、全ての作業が順調に進んだ場合を想定して工数を算出してしまうと、少しでもトラブルが発生した場合、即予算超過になってしまいます。ハードウェアやソフトウェアも必要数量のギリギリを予算計上すると、予定の変更や想定外の問題が発生して追加が必要になった時に対処できません。

もちろん過剰にバッファを持ちすぎると予算が膨らんでしまうので、理由を合理的に説明できる範囲のバッファに留めるようにします。

どのような組織であっても、確保した予算を大きく超えることは原則として許されないですし、できるとしても相応の手続きが必要となります。

以上の内容（プロジェクトの目的・主要機能・構成図・体制図・工数・スケジュール・予算）を記載したプロジェクト計画書を作成して、社内承認を得ます。それから要件定義へと進みます。

2. 要件定義

プロジェクト計画書が承認されたら、まずは要件定義に着手します。要件定義の手法は様々な媒体で紹介されていますのでここでは割愛します。インフラの要件定義はアプリケーション開発の要件定義を受けて検討しますので、アプリ要件を実現するためのインフラ要件を定義していきます。

3. 設計

設計フェーズに入ると、設計自体はインフラ構築ベンダーのインフラエンジニアに任せ、PMは進捗管理、課題管理などの各種管理業務や定例会での報告、アプリ部門やインフラ構築ベンダーなどのパートナー企業との調整が主業務となります。この辺りからリリース後の運用を考慮し、運用部門に対しいつからどのようなシステムが稼働し、運用部門にどのような業務を引き継ぎするかの調整を開始します。

「事前にアプリ仮想化ベンダーに問い合わせしていた仕様に誤りがありサーバー追加が必要になった」「アプリ仕様上では必須となるOS機能が、インフラの動作に影響を与えることが判明した」などの問題が発生しましたが、課題管理を行いながら順次対応し問題なく設計が完了しました。

4. 構築・テスト

いよいよインフラの構築にとりかかります。とはいえここも作業はインフラエンジニアやインフラ構築ベンダーにて対応しますので、ＰＭは引き続き各種管理業務や報告、他部署との調整を行いながら、発生した課題に対応していきます。

サーバーの構築とネットワーク機器の設定は異なるチームで対応しているため、それぞれの要員の状況を把握しながら作業実施日程を調整します。

特にネットワーク機器の設定は既存機器に対して行うため、他のサービスに影響を与えないよう深夜に実施します。深夜作業明けは当然ながら設定担当者は出社しませんので、それを踏まえてスケジュールを調整します。その昔は深夜作業明けから夕方まで業務することもありましたが、今はそのような企業はないと信じています。

5. 引き渡し

開発環境・本番環境の構築が完了したらシステムを引き渡します。

開発環境はサーバーのアカウント情報一式を引き渡して、完全にアプリチームの管理下に置き、リリース後も保守開発用に使ってもらいます。本番環境は運用部門に引き渡し、その後サービス終了まで任せることになりますので、設計書や手順書などの運用ドキュメントを作成し、引き継ぎの打ち合わせを行い、必要であれば運用メンバーへシステム構成や運用手順のレクチャーを行います。

引き継ぎが不十分だと運用メンバーが円滑な運用ができず、工数がかさんで疲弊してしまいますので、運用リーダーから引き継ぎを拒否されることもあります。そうならないようしっかりと運用設計を行い、予想される障害について一覧化し、手順書を作成すれば、問題なく引き継ぎができます。

これでシステムが一旦手から離れることになりますが、もちろん全てが終わったわけではありません。アプリの総合テスト立会い、リリース時の立会いや、運用開始後の障害対応などでシステムに関わることになります。

本プロジェクトを「失敗」とした理由

本プロジェクトでは、要件定義を半分ほど進めたところで大きな問題が発生しました。インフラ側PMの認識では、インフラチームが構築するのはサーバーまでで、アプリ仮想化ミドルウェアの構築はアプリ側で実施するというものでした。

PoCではその役割分担だったのですが、本番環境での構築になるとサーバーやデータベース、ネットワークとそれぞれの冗長化に関する知識が必要になります。私は、その役割分担には初期から違和感がありました。

そこで、アプリ担当者にその話題を振ってみると、「アプリ仮想化ミドルウェアはインフラチームの担当だ」と言います。スコープ（責任範囲）の認識齟齬はよくあることですが、この場合の影響範囲は甚大です。急いでPMにこのことを報告し、各部署の部長レベルまで巻き込み、インフラチームがアプリ仮想化ミドルウェアの構築を行うことで調整がつきました。もちろんインフラチームは予算見直し、インフラ構築ベンダーとの契約も見直しで大幅なコストオーバーとなった上、インフラ側の部長もプロジェクトに参画し調整に奔走することになりました。

初期に違和感があった段階で、もっと強く進言しておくべきだったと後悔しています。

リリース後、システムは問題なく稼働し、仮想化されたアプリケーションがA社の全国の支店で利用され始めましたが、利用者は一向に延びませんでした。そもそもアプリ仮想化の目的は既存の業務アプリをインターネット経由でiPadなど様々な端末で利用できるようにする手段でしたが、A社で後発された、より大規模なプロジェクトにより、HTTPS通信で暗号化した経路を通って同じアプリを稼働させる仕組みが確立され、誰もがそちらを利用したためです。アプリ仮想化はタブレットなど限られた端末でのみ利用されるシステムになってしまいました。

インフラ構築自体は予定した期限内に完了しましたが、全体としてこのプロジェクトは失敗したものと考えています。理由は2つです。

1．スコープ管理のミスにより、インフラとしての当初予算は超過してしまった

こと

２．結果的に利用者が少ないシステムになってしまったこと

２点目はインフラ担当としてはスコープ外の要因ですが、逆にインフラのみを業務範囲と定義した場合の限界を感じ、自らの方向性を考え直すきっかけになりました。

まとめ（失敗のポイント）

- プロジェクト管理を行う上では、つい進捗管理や課題管理など、プロジェクトを推進する上で直接的に影響のある管理項目に力を入れがち。しかしプロジェクトの根本を揺るがすような不測の事態を回避するにはリスク管理が重要となる。
- 本プロジェクトで発生したスコープの認識齟齬による問題は、自分が感じていた違和感を言語化してリスク管理上に乗せていれば、もっと早い段階で回避策を講じることができたはず。

Project Summary

- **失敗からリカバリーして成功した事例**
- **クライアント業種**：資産運用会社
- **期間**：1年6カ月
- **ＰＪ規模（人数）**：50名（内、社内16名）
- **内容**：ＤＷＨ新規構築におけるシステム導入支援・ＰＪ全体管理（アプリＰＪ事例）

プロジェクトの概要

このプロジェクトは、大手資産運用会社Ｂ社からの依頼でした。Ｂ社ではすでに「ＤＷＨを構築する」というプロジェクトが社内で進んでおり、そのプロジェクトに参

DWHのイメージ図

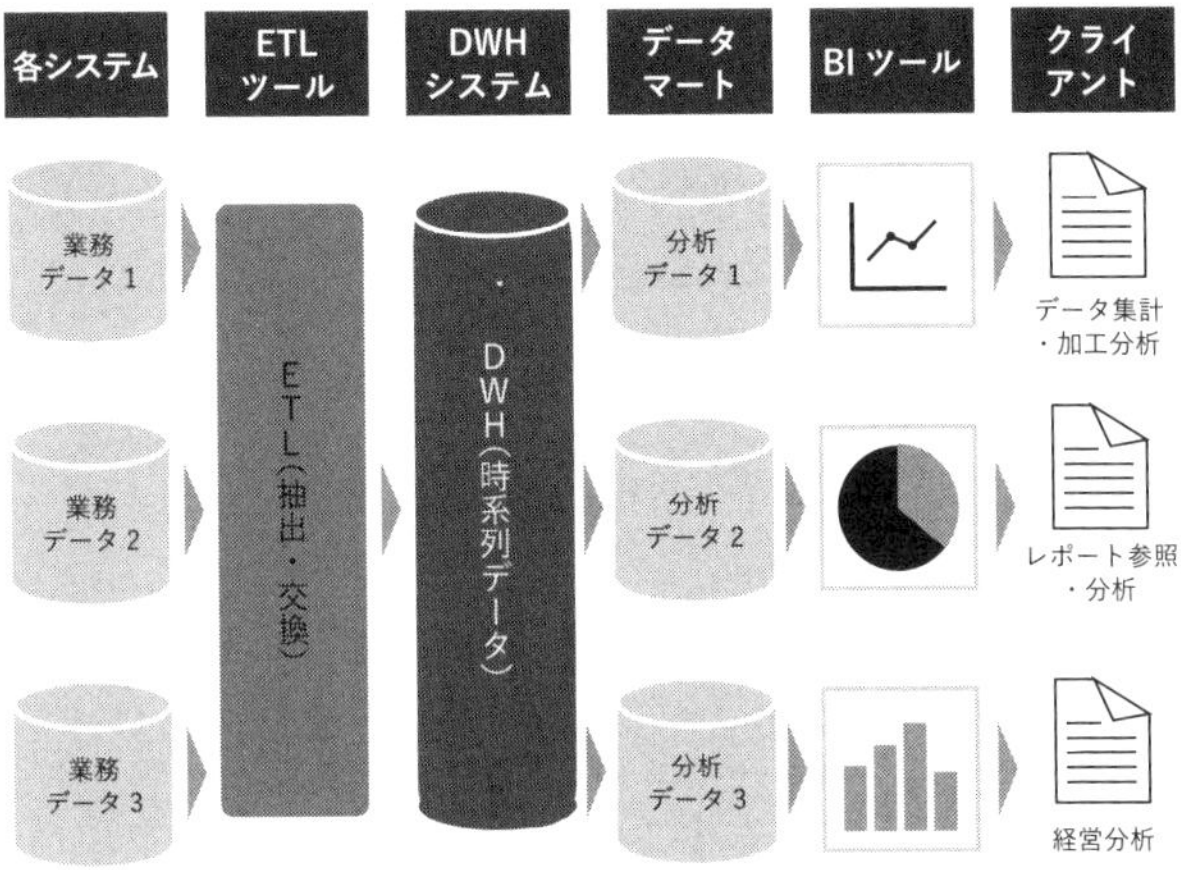

画してほしい、ということでした。

ＤＷＨとは、Data Ware Houseの略で、複数のシステムから収集した膨大な業務データを時系列で整理し保管するデータベースのことです。

詳しく話を聞くと、プロジェクトが始まってからおよそ5カ月が経っており、現在の工程はテストフェーズ。全体を把握する役割の人がおらず、進捗管理や課題の吸い上げができていませんでした。本来であればその役割の人が複数の作業の進行をうまく組み立てて同時に進めていかなければならないところを、各チームがバラバラに進んでおりました。

また、プロジェクトを始めるにあたっ

て作成した工数見積もりが甘く、各チームのリソースが大幅に不足している状況でした。ですのでＢ社からは進捗管理や課題の吸い上げ、業務推進をうまくやってほしい、とのことで依頼されました。

大規模プロジェクトでは役割分担の明確化が重要

1. 現状調査・把握

Ｂ社にヒアリングした結果、体制に沿った役割で業務が行われていなかったことが判明。１人の担当が別チームの担当をしていたり、リーダーを兼務していたりしました。また、ＰＭがテスト実施や設定作業をしている、スケジュールを確認しても把握

現状とあるべき姿のギャップ

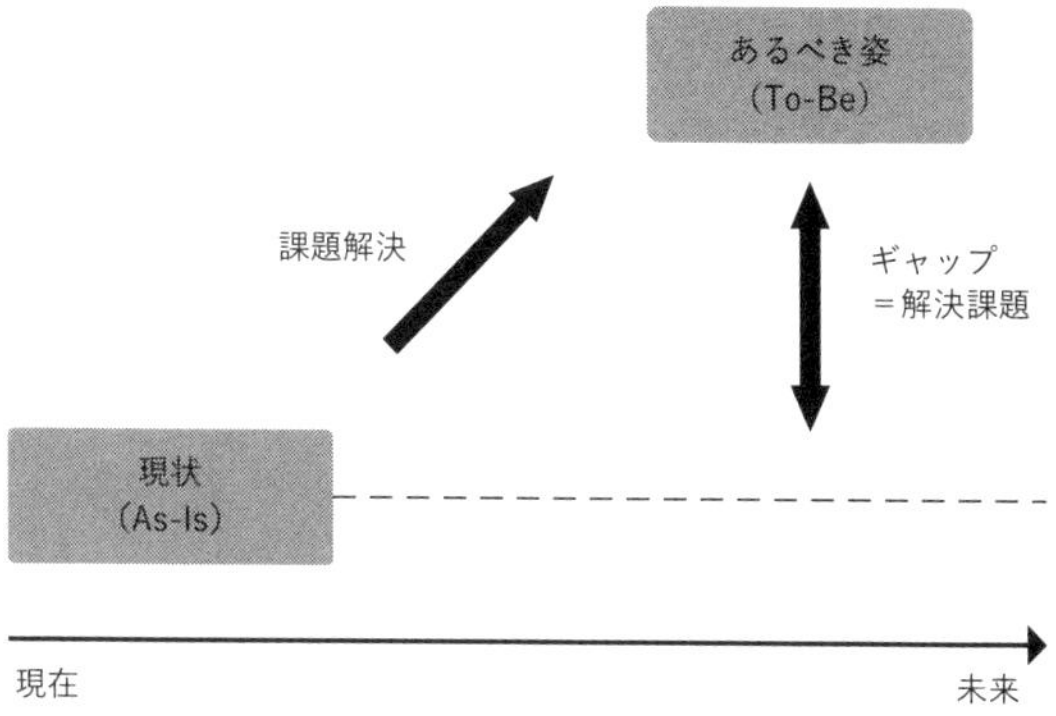

していないなど、各チーム担当の役割が明確になっていませんでした。さらには対応期限が過ぎているタスクも山ほど放置されていました。

そこでまずは課題・問題と対応策を整理してみることにしました。

2. 課題・問題

①プロジェクト体制・役割が明確化されていないため、スムーズに業務を進められていない

②各チームのタスクが管理されておらず、遅延しているタスクが複数存在する

③各チームメンバーの稼働が非常に高く、疲弊している
④定例MTGを実施しているが、報告内容が自分たちのチームで行っている開発の内容のため、他のチームには理解できない

3. 対応策

①体制の再構築と役割を明確にし、業務ごとにチーム編成を行った
↓業務に知見のあるPLを各チームに配置し、またマネジメント側にPMO（プロジェクトマネジメントオフィス。いくつかのチームを管理・監視する）を配置した
②各工程における対応すべきタスクを明確にした
↓WBS（Work Breakdown Structureの略。タスクを細分化した一覧表のこと）を作成しプロジェクト全体のタスクを整理した

③各チームで対応しているタスクの概算工数見積もりを算出した
↓その結果、9人月のリソースが不足していることが判明（つまり1カ月に9人分の作業量が不足）。B社には原因（見積りが甘かったこと）を説明し、予算を申請して、不足している9人を増員した
④各チームの進捗状況を定性・定量で報告するためのフォーマットを作成した
↓報告粒度の統一と他チームに関連する依頼事項を共有した

4. 効果

体制見直しや役割を明確にしたことで、TL（チームリーダー）がチーム全体を管理し、PMOがメンバーの進捗管理や問題点を吸い上げ・整理し、それをTLに報告するという本来の流れになったことで、TLがきちんと状況を把握し報告できるようになりました。

またWBSを作成したことにより、作業負荷が高くなりそうな場合は作業割り振り

を事前に調整することで各チーム間の連携がスムーズになったため、これまで進捗していなかったタスクが進むようになりました。

参画して6カ月。またしても問題が発生

プロジェクトは基本的に、要件定義→基本設計→詳細設計→テスト……と進んでいきますが、工程が進むにつれ業務内容が細かくなります。細かいロジックが入ってくるので、作業量も増えます。

作業を進めていく中で、様々な対応がからみあってくるので、他のチームの開発が進んでいなかったり問題が解決しないと、自分たちのチームの作業が進まない……といった状況になっていきました。そして各チームで何がどこまで進んでいるか、業務要件を把握できなくなりました。

やがて、意見だけは出すが行動が伴わないメンバーが増えてきました。本当ですと実務に落とし込むところまで考えるべきですが、「これやればいいんじゃない?」と人ごとに考えるメンバーが増えてしまったのです。
その結果、要件の意思決定を行えず、スケジュールが大幅に遅延しはじめました。スケジュールの遅延に焦るマネージャー陣は、さらにマネジメントを強化するようになりました。厳しい進捗管理やプレッシャーなどのマネジメントに、各チームがついて来られなくなる、という事態に陥ったのです。

そこでこのフェーズでの課題・問題点と対応策、それに対しての効果を述べていこうと思います。

1. 課題・問題

①工数が増え業務が複雑になったことで、誰が何をやるのかが不明確。本来ならばリーダーが行わなければならない報告を、メンバーが行っていた。それによりリ

ーダーが進捗を理解しないままプロジェクトが進んでいた。口は出すが行動しない評論家が増えしまい、要件の決定に相当の時間を要した

②マネジメントの力が強すぎて、現時点の各チームのスキルでは対応しきれなくなった

③議論が全て空中戦。そもそも議事録を残す習慣がなかったため、あとで言った言わない、といったＭＴＧが非常に多かった

④そもそも要件が詰め切れていなかったことが判明し、再設計・テスト対応により、リリースを6カ月後に延期することになった

2. 対応策

①体制図の見直しを行い、役割を明確にした上で、リーダーＭＴＧを開催。リーダー自身から報告してもらうため、メンバーを参加させずにＭＴＧを実施。評論家に対してはチームのトップ、そしてＰＭＯと3人で面談を行った。評論家の発言を明文化し、それを掘り下げ、実際に行動してもらって意識を変えた

②まず私はＰＭＯを、Product ＰＭＯ・Plan ＰＭＯ・Process ＰＭＯに分けた。Product ＰＭＯはチーム内の課題を吸い上げ報告を行った。Plan ＰＭＯは業務を理解しているリーダーと一緒に要件を整理し計画を立てた。そしてProcess ＰＭＯは全体の進捗管理を行った。各チームにProduct ＰＭＯを配置し、各メンバーで対応できない事項（誰に確認すれば業務が進むのかなど明確にしてあげる）を吸い上げ、業務を進めやすくなるようにフォローした

③ＭＴＧには必ず目的や趣旨、ゴール（何を決めたいのか）を明確にするようにした。議論したいことや不明点をＡ４の用紙１枚に整理した上で、ＭＴＧに参加してもらうようにした

④そのフェーズで何を決めないといけないのか、どういうステップで進めていくのか各チームに考えてもらい、ＷＢＳに落とし込んでもらった

3. 効果

①これまでチームリーダーは、リーダーとしての自覚がなく、メンバーに頼り過ぎていた。そのため本来行う要件を決定できずにいたが、ＰＭＯが役割を明確にし、自分の役割を認識してもらうことで、リーダーとして自覚させ受け身ではなく自発的に動けるようになった。リーダーとしての自覚を持たせることもＰＭＯの役目。また、ＷＢＳを作成し、誰が何をやるか明確になったことで、どのようにアクションを起こしていけばよいか把握できるようになり、関係各所とスムーズに業務を進めていくことができるようになった。

②プロジェクトの方針など、チームリーダーだけでは判断できなかった課題や問題をProductＰＭＯが解消していったことで、スムーズに進めることができるようになった。

③議事録に決定事項ややるべきこと（ＴｏＤｏ）、課題が記載されたことで、一つひとつの会議が有意義なものになった。手探り状態から先を見据えた進め方ができるようになった。

④PlanＰＭＯ、ProcessＰＭＯ、ProductＰＭＯを設置したことで、計画から進捗管

理・問題解決までの一連の流れをスムーズに進めることができるようになった。

大炎上した際に対応すべきこと

大炎上した場合は、対応内容を詳細化し、ＰＭ・ＰＬ・ＰＭＯへの報告を日次で行うことが大切です。大幅なスケジュール遅延はクライアントが業務を行えなくなるだけでなく、クライアントの信頼を失い、最終的には損害賠償を求められる可能性があります。

炎上を防ぐポイントは次のとおりです。これらはすでに炎上してしまった後でも役に立ちます。

・週次でスケジュールの詳細化を行う→どの部署に対してどのようなアクション

を起こしていくのかかなり細かい粒度まで掘り下げを行う

・各チームのタスク状況と課題・ToDoを朝会、夕会2回報告

・課題全てに対してどのようなステップで進めるのか整理し報告

・遅延しそうなタスクがあれば、即報告（原因はそのあとで調査、まずは報告）

・クライアントの管理者に対して日次で状況報告

・報告は定性的ではなく定量的に

このプロジェクトは、大炎上してしまいましたが、対応計画→タスク詳細化→進捗報告をひたすら回していくことで無事にリリースまで到達することができました。各メンバー間で意見の食い違いなどで口論になったり、途中リタイアしそうになったメンバーもいたり、トラブルは様々でしたが、最後はチームの仲間をはじめ、関係者全員が嵐のような案件を乗り越えた戦友となりました。

まとめ（失敗→成功のポイント）

・業務に知見があるメンバーをどのように巻き込んでいくか、どのように考えを可視化していくかが重要。説明資料がない場合、空中戦になることを防ぐため、ホワイトボードや紙などに書き共通の認識を持たせること。その際ＭＴＧの最後に課題やＴｏＤｏを**必ず繰り返し伝える**こと。
・ＰＪ体制図と各チームの役割、成果物を明確にすること。
・要件を決定できない場合、一人では絶対に悩まずに直ちにＰＭ・ＰＬ・ＰＭＯにエスカレーションし方向性や進め方を確認すること。

Project Summary

- 成功事例
- クライアント業種：情報・通信
- 期間：1年6カ月
- ＰＪ規模（人数）：12名
- 内容：フルスクラッチの人事システムからＥＲＰパッケージへの切り替え（アプリＰＪ事例）

プロジェクトの概要

このプロジェクトは、大手情報・通信業のＣ社の人事部が主導となって行ったプロジェクトです。フルスクラッチの人事システムからＥＲＰパッケージへの切り替えを行います。C社では給与計算や人事評価、年末調整のために利用する人事システムをうまく活用できていませんでした。そもそもデータの整理がされておらず、見える化もされておりませんでした。給与計算をさせるソフト、人事評価は従業員のデータを管理するシステムなどをそれぞれ別々で使っていたため業務が煩雑になっていました。

ERPパッケージへ切り替えを行うことで、現状の多岐に渡った人事システムによって管理された、人事データを一元管理し、業務を標準化するようにします。わかりやすく言うと、バラバラに存在しているものを一か所に集めて管理していくイメージです。

プロジェクトのマスタスケジュール

このプロジェクトは、以下のように本稼働に向けて進んでいきました。

1. 要　件　定　義：新業務フローと新システムに求める要件の確定
2. 設　　　　　計：要件を受け、システム化する機能の処理などを設計
3. 開発・単体テスト：設計に従い、プログラムが製造と設計書通りに動作するかを検証
4. 総 合 テ ス ト：1年間の業務スケジュールに沿ったシナリオを作成し、問題なく業務を行うことができることを検証
5. デ ー タ 移 行：現行システムのデータを新システムに合わせた状態にし、登録できるよう設計・リハーサルを実施
6. 本　番　稼　働：リハーサル通りに、移行データを登録
7. 並　行　稼　働：現行システムと新システムの両方で業務を実施する期間（この時点で正しいものは現行システムでの処理結果）
8. 本　　稼　　働：新システムでのみ業務を実施

それでは主なフェーズである1～6までの詳しい解説と、プロジェクトを成功へ導くためのポイントをフェーズごとに見ていきましょう。

1. 要件定義

このフェーズで行うことは次の3つです。

・現行の業務フロー、就業規則を熟読する
・現行のシステムでやっていることを、新システムではどのように実現するかを決める
・新業務フローを作成

ERPパッケージは出来合いの製品のため、必ず何かしら現行と合わない部分があります。現行と合わない部分は追加で開発をするか、システムを使わずに手作業とするかをこのフェーズで確定します。

作成した資料をもとに新システムではどのように業務を行うか、何度もC社と打ち合わせを繰り返します。

【成功へのポイント】

・クライアントには通常業務があり、多忙。それにプラスして打ち合わせに参加していることを忘れないこと。

全てのフェーズに共通ですが、クライアントは通常業務の合間を縫って時間を作っているため、通常よりも負荷がかかっています。

クライアントの時間を確保する、というのがプロジェクトを進める上で重要なポイントです。

・百聞は一見に如かず

たたき案で良いので、実行画面と処理結果のデモンストレーションを見てもらうのが1番イメージしてもらいやすいです。お互いのイメージを共有することで、納得してもらう近道となります。

・批判を恐れない

どうしますか？　と問うと、なかなか答えが返ってこない場合があります。クライアントもどう答えてよいかわからないのでしょう。そんな時は一旦、こちらの仮説をお伝えします。すると、クライアントからは、「それではだめだ。なぜなら～」と答えが返ってきます。批判されることにはなりますが、要求を聞き出すことが目的ですので、一時の批判は受け入れましょう。

2. 設計

このフェーズでは要件定義に従い、機能を文章化し設計書を作成します。項番の振り方や記載のルールなどはプロジェクトで定められているため、ルールから逸脱しないよう作成しましょう。条件分岐や閾値については、補足資料を作成することもあります。

【成功へのポイント】

・現行踏襲という魔法の言葉

現行システムからの切り替えとなると、良くも悪くも細かい条件などを現行の動きと合わせて設計することが多いです。現行システムで業務が回っている実績があるためです。要件定義に書かれていないことは、現行システムでどのようになっているか確認し、同じで良いか業務担当に改めて判断してもらいましょう。

3. 開発・単体テスト

このフェーズではプログラムを製造します。プログラミングスキルが必須となります。可読性が高く、保守しやすく、拡張性が高く、再利用しやすい綺麗なコードを心がけて作成します。特に可読性は、数年間は使用することになるため、作成者以外でも簡単に読めるようにすることが重要です。

単体テストはホワイトボックステストを行います。条件分岐を網羅したテストパターンを作成し、テストを実施します。

【成功へのポイント】

・設計に書かれていないことを勝手に実装しないこと

出力時のソート順が書かれていない場合は、自分の判断でソート順を決めるのでなく、設計を修正しましょう。また、設計には不備があるという前提で、不備が見つかった際に、どのように対応し、どのように業務担当者に判断していただくかまで考えておきましょう。

・テストパターンで手抜きはしないこと

全ての条件分岐をテストしなければ、テストの意味はありません。どこか一箇所漏れて、後になって発覚した場合は全体の品質を問われることになります。プロジェクトとしてそれは絶対に避けなければなりません。手抜きはやめましょう。

4．総合テスト

このフェーズではＣ社にて1年間に発生する業務スケジュールをテストして、業務に耐えうるかを検証します。

本番のデータをマスキングし、検証環境へデータコピー。検証環境で機能を実施していきます。新業務フローに沿って、テストケースを作成していきます。

【成功へのポイント】

・このタイミングでの不具合と改修について

全ての不具合を見つけて改修できればベストですが、本稼働も近いタイミングであることから、改修を本稼働後とするケースもあります。改修タイミングについてはプロジェクトの状況と工数から判断することになります。

5. データ移行

このフェーズでは次のようなことを決めます。C社だけでなく現行システムの担当者を交えて決めていきます。

・移行するデータの範囲
・現行システムと新システムの項目マッピング
・項目値の変換ルール作成
・不整合データの取り扱いについて

移行リハーサルを行い、本番移行時の作業手順書を作成します。本番移行にかかる時間を見積もるため、リハーサルは本番環境と同等のスペックで行うこともポイントとなります。

【成功へのポイント】

・綺麗なコードよりも正しい動作

移行プログラムに限った話になりますが、ここでのコードは本番移行後に使用されることはありません。つまり、本番移行、移行リハーサルの数回分だけ使用できればよいのです。そのため、このフェーズでは、可読性が高く保守しやすく、拡張性が高く、再利用しやすい綺麗なコードは不要です。

・不整合データはできるだけ本番移行までに現行システムで修正していただくこと

データは綺麗に整理されて管理されているわけではありません。日付の整合性が合っていないもの、なくなった組織に所属し続けている従業員など、不整合なデータは移行時に補正するのではなく、現行システムを修正することがプロジェクト工数を抑えるポイントになります。

・不整合データの取り扱い

不整合のデータは移行することができません。新システムがエラーとなります。30年前のデータに不整合が1000件見つかった場合、そのデータを修正するか移行を諦めるか判断することになります。使用することがないのであれば移行を諦めて、データを捨て去ることも重要です。使わないものをいつまでもとっておいても仕方ないですよね。不要なものと判断できるなら、捨ててもかまいません。

6. 本番移行

作成した移行手順書に沿って作業を行います。ここまでくれば、頭を悩ませるようなことはなく、粛々と作業を実施していくことになります。24時間体制で登録作業を行うため、どこまで終わっているかの引き継ぎや手順は誰が見てもわかるような状態になっていることがポイントとなります。

【成功へのポイント】

・本番移行は作業ミスをしないことが最も重要

移行ファイルを間違えて登録した場合、データを削除し正しいファイルで登録するのは時間のロスになります。移行に使える時間は限られているため、作業ミスのインパクトは大きいです。

移行は、早さより正確さが重要です。実行ボタンを10秒早く押せたところで早く帰れません。この日は、プログラムに存分に働いてもらいましょう。

・手順書は誰が見てもわかるように作成すること

もし、移行担当者が本番移行当日に風邪で倒れたとしても、延期できません。担当者が不在の場合でも、代わりの誰かが作業をできるような状態を作っておくことも移行担当者の務めです。

プロジェクトの成果

今回のようなシステム切り替えプロジェクトでは、切り替えたあとに作業担当者が迷いなく使えることが重要です。そこで作業手順書を詳しく作ることが大切になってきます。誰が見ても一回で理解できるような手順書を作ることに注力しましょう。

それに加えて私が行ったのは、作業担当者のトレーニングです。これらを行うことによって切り替えプロジェクトの成功の可能性は高まります。

実際にC社では迷わず作業ができるようになったようで、ERPへ切り替えを行ったあと、それを次にどう活用していくかを検討しはじめているところです。

今回のプロジェクトでは、稼働後も大きな問題がなく業務が行われており、C社の担当者からも満足いく結果となったようです。私としても成功を実感したプロジェクトでした。

おわりに

ここまでコンサルタントの実体験を通して、様々なコンサルティングプロジェクト事例をご紹介させていただきました。

皆さんの目にはどう映ったでしょうか？

プロジェクト1つとってもドラマがあり、葛藤があり、成功や失敗があることを疑似体験いただけたのではないかと思います。

プロジェクトとは、プロジェクトメンバーとともに目的を達成するために組成されたチームのことです。

プロジェクトの成功も失敗も、少なからず「人」に起因することはおわかりいただけたかと思いますが、この「人」というものがいかに予測・コントロールしづらいものであるか。

これからもプロジェクトに関わる全ての人は、この「人」という、力にも足かせにもなるものに向き合っていかなければならないのです。

そして今後も僕らは皆さんのプロジェクトを成功に導くため、僕らの価値として定義している「世界中の叡智をあなたの手に」届け続けます。

プロジェクト事例については本書とは別に引き続き、僕らの取り組みの1つにあるグローバルナレッジマネジメントというテーマを通して皆さんの手に届けられます。

それは僕らの提供するContactEARTHサービスブランドの中で、コンサルティングプロジェクトのCaseStudy（ケーススタディー）メディアを通して提供されます。CaseStudyメディアでは、国内外で展開されている様々な最新プロジェクト事例をプロフェッショナルが解説し、皆さんのプロジェクト成功の一助を担います。

これからも僕らは様々なプロジェクトに挑戦し、世界中の新たな企業戦略立案とデジタルイノベーションの実現を支えていきます。

これから出会う全ての仲間たちへ

株式会社ストラテジーテック・コンサルティング
代表取締役社長　三浦　大地

ご参考：弊社が運営するメディア

ContactEARTH for Case Study

http://strategy-case.com/

ContactEARTH for DX Consultant

http://dx-consultant.co.jp/

ContactEARTH for SAP Consultant

https://sap-consul.com/

StrategyTec Freelance.com

https://strategytec-freelance.com/

読者特典

本書の事例をもっと知りたい方へ
この本を読んだ方だけの特典です。

・データ利活用のPoC企画支援

・フレームワークを活用した戦略策定のアプローチ事例

・マーケット情報配信システムの全国拠点導入支援・PJ全体管理（インフラPJ事例）

・業務サーバーEOLに伴うリプレース（インフラPJ事例）

https://www.strategy-tec.com/book-score/

バリューを出せる
コンサルタントになるために！

※読者特典は予告なく終了することがございます。

【著者略歴】

株式会社ストラテジーテック・コンサルティング
2019年11月設立。代表取締役社長 三浦大地。

デジタル事業戦略コンサルティングとインターネットサービス（ContactEARTH）の企画・運営を主な事業とし、デジタルイノベーションをクロスボーダーに展開。

戦略コンサルタントとテクノロジースペシャリストを有する「知的専門家集団」として、ストラテジー（戦略）とテクノロジー（IT）の融合を提唱し、ストラテジーテックでイノベーションを起こし続ける会社を目指し、日々奮闘している。


〈執筆者〉

三浦大地・前田航・髙橋渡・高橋克仁・遠藤嵩仁・吉田知克・卜部翔太・綿引ゆり杏

世《せ》界《かい》一《いち》やさしいコンサルティングプロジェクトの説《せつ》明《めい》書《しょ》

2021年 3月 1日　初版発行

発行　**株式会社クロスメディア・パブリッシング**
発行者　小早川 幸一郎
〒151-0051　東京都渋谷区千駄ヶ谷 4-20-3 東栄神宮外苑ビル
https://www.cm-publishing.co.jp
■本の内容に関するお問い合わせ先 …………… TEL (03)5413-3140 ／ FAX (03)5413-3141

発売　**株式会社インプレス**
〒101-0051　東京都千代田区神田神保町一丁目105番地
■乱丁本・落丁本などのお問い合わせ先 ………… TEL (03)6837-5016 ／ FAX (03)6837-5023
service@impress.co.jp
（受付時間　10:00～12:00、13:00～17:00　土日・祝日を除く）
※古書店で購入されたものについてはお取り替えできません

■書店／販売店のご注文窓口
株式会社インプレス　受注センター ……………… TEL (048)449-8040 ／ FAX (048)449-8041
株式会社インプレス　出版営業部 ………………………………… TEL (03)6837-4635

カバーデザイン　城匡史
本文デザイン・DTP　荒好見
校正　konoha
印刷・製本　株式会社シナノ
ISBN 978-4-295-40511-5 C2034